中国农业科学院智库报告
中国农业发展战略研究院智库报告

中国农业企业ESG发展报告
2024

中国农业科学院 ◎ 组织编写

中国农业科学技术出版社

图书在版编目（CIP）数据

中国农业企业ESG发展报告.2024 / 中国农业科学院组编. -- 北京：中国农业科学技术出版社，2024.9.

ISBN 978-7-5116-7089-2

Ⅰ.F324

中国国家版本馆CIP数据核字第2024LK1711号

责任编辑	朱 绯　李 娜
责任校对	马广洋
责任印制	姜义伟　王思文

出 版 者	中国农业科学技术出版社 北京市中关村南大街12号　邮编：100081
电　　话	（010）82109707（编辑室）　（010）82106624（发行部） （010）82109709（读者服务部）
网　　址	https://castp.caas.cn
经 销 者	各地新华书店
印 刷 者	北京科信印刷有限公司
开　　本	175 mm×250 mm　1/16
印　　张	10.5
字　　数	135千字
版　　次	2024年9月第1版　2024年9月第1次印刷
定　　价	80.00元

◆ 版权所有·侵权必究 ◆

本书得到

中国农业科学院科技创新工程

（10-IAED-XT-03-2024）、中央级

公益性科研院所基本科研业务费专项

（Y2024ZK06）资助

特此致谢！

《中国农业企业ESG发展报告2024》

编著委员会

指导顾问：吴孔明　杨振海

主　　任：叶玉江

副 主 任：胡向东　毛世平　孙东升　朱铁辉
　　　　　孔繁涛　刘　洁

主 编 著：孙东升　刘轶芳　殷格非

编著人员（按姓氏笔画排序）：
　　　　　门　霞　王秀东　王国刚　王晓娟
　　　　　牛坤玉　卢　洁　吕　刘　刘华峰
　　　　　刘沛言　刘金洁　杜姣燕　杨婷婷
　　　　　何　蔚　张宁宁　张永勋　张梓瑶
　　　　　陈　静　赵一夫　赵思诚　赵俊源
　　　　　贾　丽　董照辉

前 言
PREFACE

2024年中央一号文件开宗明义指出"推进中国式现代化，必须坚持不懈夯实农业基础，推进乡村全面振兴"。《中共中央 国务院关于全面推进美丽中国建设的意见》指出"坚定不移走生产发展、生活富裕、生态良好的文明发展道路，建设天蓝、地绿、水清的美好家园"。ESG（环境、社会和治理）与可持续发展、绿色低碳理念本质上相通，可以让农业企业更好地践行可持续发展理念，提升企业市场竞争力，推动农业农村绿色低碳发展，更好助力乡村全面振兴目标的实现。

在中国农业科学院的领导和支持下，由中国农业科学院农业经济与发展研究所牵头，联合责扬天下（北京）管理顾问有限公司，以及中央财经大学可持续准则研究中心，就我国农业企业ESG问题开展专题研究，撰写了《中国农业企业ESG发展报告2024》，以期为有关部门、相关行业、专家学者和广大读者提供借鉴和参考。对于中国农业企业ESG发展的研究，有很多工作还需要继续深入，真诚欢迎读者提出宝贵意见与建议。

编 者

2024年9月

摘 要
ABSTRACT

农业是我国国民经济的基础，是最基本的物质生产部门，是人类社会的衣食之源与生存之本，支撑着整个国民经济和社会的发展与进步，是物质生产与非物质生产的必要条件。创新、协调、绿色、开放、共享的新发展理念，为我国农业农村经济乃至国民经济社会可持续发展指明了方向。农业是我国可持续发展和环境保护的重要领域，不仅是保障国家安全的基石，还是生态文明建设的重点。同时，农业企业是推动我国农业农村经济社会发展进步的重要力量，是社会责任的主要履行者，承担着更多的社会责任，是支持农村经济、公益事业、生态环境的重要行动力量，既能够带动农业农村经济发展助力乡村全面振兴，也能够在农业农村绿色低碳、美丽中国建设中发挥重要作用。

ESG（环境、社会和治理）与可持续发展、绿色低碳理念本质上相通。可持续发展强调平衡经济增长、社会进步与环境保护，确保资源合理使用和环境保护，促进社会公平。ESG 要求企业在追求经济效益的同时，承担社会和环境责任，追求对经济、社会和环境的正向影响。通过 ESG 实践，农业企业能够更好地践行可持续发展理念，提升竞争力，推动行业绿色发展，助力国家和全球可持续发展目标的实现。我国农业企业 ESG 发展呈现"政府引导、行业推动、企业实践、社会参与、国际合作"的多方推进格局。政府机构发布《全国农业可持续发展规划（2015—2030 年）》和《"十四五"全国农业绿色发展规划》系统规划了农业可持续发展，推进绿色发展、乡村振兴等重点工作。农业及相关行业组织通过标准建设、能力提升和交流互动，促进农业企业 ESG 意识和能力建设，并提供必要的工具方法支持。农业企业作为农业可持续发展的主体，通过融入 ESG 理念，加强信息披露、环境保护、社会责任等方面的实践，加强顶层设计、提升透明度。消费者和投资者的关注推动农业企业转向采用可持续的生产方式，新闻媒体和社会组织通过舆论监督等方式进一步促进农业企业履行责任。农业企业积极参与可持续发展国际合作，增进交流互信，加强国际接轨，提升可持续发展竞争力，为我国农业农村绿色低碳发展和美丽中国建设不断作出新贡献。

通过政策引导、行业推动、企业实践、社会参与和国际合作等多方面的努力，我国农业企业在 ESG 发展方面取得了显著进展。本报告参考最新的 ESG 相关政策和标准，采用了系统化、标准化的评价方法，从环境、社会和治理三个维度对农业企业进行评价，主要有以下核心发现。

第一，农业企业 ESG 总体发展水平处于进取阶段，ESG 平均表现处于中上等水平。农业企业能够管控环境和社会因素带来的风险，把握绿色农业等业务发展机遇。

第二，农业服务业企业 ESG 发展水平基本处于优秀阶段，大部分企业 ESG 实践处于较高水平。环境、社会和治理各维度的表现领先于其他细分行业。

第三，从环境维度看，农业企业表现比较出色。通过绿色农业、碳减排、生物多样性保护等多方面举措，推动农业绿色转型和可持续发展。从社会维度看，农业企业重视食品安全、消费者权益保护和员工满意度，积极参与社区发展，助力乡村振兴；但在供应链管理实践上还有待提高，以提升整体产业链的绿色转型与可持续发展能力。在治理维度，农业企业重视对影响 ESG 风险和机遇的机构、人员和机制的监督与管理，在加强商业道德和规范商业行为方面表现突出。

基于对农业企业的ESG整体披露水平、整体表现水平以及不同行业特征的分析，为更好地提升农业企业的ESG表现，提出三个方面的对策建议。

一是政策引导、企业行动与社会监督并重，进一步提升农业企业ESG信息披露能力。

二是协调环境、社会与治理层面的发展实践，提升农业企业ESG管理水平。

三是针对细分行业特点提出ESG改进建议，以提升农业各行业企业的ESG实践水平。

目 录
CONTENTS

引言 ·· 1

1 农业企业 ESG 发展背景 ·· 5
  1.1 政策引导 ··· 6
  1.2 行业推动 ··· 12
  1.3 企业实践 ··· 16
  1.4 社会参与 ··· 20
  1.5 国际合作 ··· 22

2 农业企业 ESG 信息披露现状 ································· 26
  2.1 行业分类 ··· 26
  2.2 农业企业 ESG 信息披露 ··· 33

3 农业企业 ESG 发展评价方法 ································· 34
  3.1 设计理念 ··· 34
  3.2 评价指标构建思路 ·· 40
  3.3 权重与赋分方法 ··· 60
  3.4 评价结果划分 ·· 61
  3.5 样本说明 ··· 62

4 农业企业 ESG 发展表现 ……………………………………………… 63

4.1 行业整体发展水平 …………………………………………… 63

4.2 种植业发展水平 ……………………………………………… 65

4.3 林草业发展水平 ……………………………………………… 67

4.4 畜牧业发展水平 ……………………………………………… 68

4.5 渔业发展水平 ………………………………………………… 70

4.6 农副产品加工业发展水平 …………………………………… 72

4.7 生物安全业发展水平 ………………………………………… 74

4.8 农业服务业发展水平 ………………………………………… 76

4.9 农业企业 ESG 综合表现 ……………………………………… 78

5 环境表现 ………………………………………………………… 80

5.1 气候变化 ……………………………………………………… 81

5.2 污染防治 ……………………………………………………… 85

5.3 水资源和海洋资源 …………………………………………… 88

5.4 生物多样性和生态系统 ……………………………………… 92

5.5 资源利用和循环经济 ………………………………………… 95

5.6 ESG—环境表现 ……………………………………………… 98

6 社会表现 ………………………………………………………… 100

6.1 员工 …………………………………………………………… 101

6.2 社区资源和关系 ……………………………………………… 107

6.3 消费者和最终用户 …………………………………………… 111

6.4 供应链管理 …………………………………………………… 115

6.5　乡村振兴 ·· 119

　　6.6　ESG—社会表现 ··· 123

7　治理表现 ·· 125

　　7.1　ESG 治理机制 ··· 125

　　7.2　利益相关方沟通 ··· 133

　　7.3　反商业贿赂 ·· 134

　　7.4　反不正当竞争 ··· 136

　　7.5　ESG—治理表现 ·· 138

8　研究发现与对策建议 ·· 139

　　8.1　研究发现 ··· 139

　　8.2　对策建议 ··· 141

附件 1　农业上市公司行业分类表 ··························· 147

附件 2　发布可持续发展报告（ESG 报告）企业清单 ········ 149

可持续发展与环境、社会、治理（Environmental Social Governance, ESG），信息披露标准体系逐渐成为国际经济、金融与贸易规则博弈的重要阵地。国际财务准则基金会（International Financial Reporting Standards，IFRS）于2021年11月成立国际可持续准则理事会（International Sustainability Standards Board，ISSB），理事会于2023年设立北京办公室。2023年6月，ISSB公开发布《国际财务报告准则S1号—可持续相关财务信息披露一般要求》（IFRS S1）和《国际财务报告准则S2号—气候相关披露》（IFRS S2）。截至2024年，已有超过20个国家/地区表态支持采用ISSB准则，或基于ISSB准则制定本国可持续信息披露准则。

中国已经进入国家统一的可持续信息披露新时代，并已有了明确的时间表和路线图。2023年2月，中国证券监督管理委员会（以下简称中国证监会）在《首次公开发行股票注册管理办法》中强调了发行人需充分披露可能对其构成重大不利影响的风险，以及业务模式、公司治理和发展战略等信息。同年，国务院国有资产监督管理委员会办公厅（以下简称国资委）发布了《央企控股上市公司ESG专项报告编制研究》，为中央企业控股上市公司提供了ESG报告的编制指南，有利于其高质量完成"全覆盖"的工作要求，充分利用市场定价功能引导资本服务实体经济。2024年，上交所、深交所和北交所分别发布了《上市公司自律监管指引——可持续发展报告（试行）》（以下简称《指引》），要求上市公司围绕治理、战略、影响、风险和机遇管理以及指标与目标等核心内容进行详细披露，对我国上市公司在环境、社会和治理等可持续信息披露作出了规范，明确了首批强制执行范围，并将通过示范效应，带动其他上市公司及市场参与主体可持续信息披露的规范化发展。《指引》的发布开启了国内可持续发展信息披露的新阶段，将为推动构建良好的可持续发展生态注入强大力量。随后，港交所发布了气候信息披露指引，涵盖风险管理、指标及目标、内部碳定价和薪酬政策等方面。

财政部作为中国政府对全球财务准则报告基金会的窗口单位，在推进全球可持续标准的制定方面做了诸多努力。2024年5月，财政部发布了《企业可持续披露准则——基本准则（征求意见稿）》（以下简称《基本准则》征求意见稿），计划到2027年，我国企业可持续披露基本准则、气候相关披露准则相继出台。到2030年，国家统一的可持续披露准则体系基本建成。《基本准则》的施行将采取区分重点、试点先行、循序渐进、分步推进的策略，从上市公司向非上市公司扩展，从大型企业向中小企业扩展，从定性要求向定量要求扩展，从自愿披露向强制披露扩展。这不仅体现了中国对可持续信息披露的坚定承诺，也为国内企业提供了清晰的行动指南。

当前，中国正处于全面建设社会主义现代化国家和全面推进乡村振兴关键时期，2024年中央一号文件明确指出，推进中国式现代化，必须坚持不懈夯实农业基础，推进乡村全面振兴。农业作为国民经济的基础产业，是最基本的物质生产部门，支撑着整个国民经济和社会的发展。然而，在当前全球气候变化加剧、资源枯竭以及社会不平等问题日趋严峻的时代背景下，农业企业面临着一系列前所未有的挑战与机遇。《全国农业可持续发展规划（2015—2030年）》明确了农业可持续发展的指导思想，就是要加快发展资源节约型、环境友好型和生态保育型农业，切实转变农业发展方式，确保国家粮食安全、农产品质量安全、生态安全和农民持续增收等目标的顺利实现。ESG理念与这一目标高度契合，强调经济增长、社会责任和环境保护的协调发展。通过ESG实践，农业企业不仅能够提升自身竞争力，还可以为国家和全球可持续发展目标的实现作出贡献。中国农业企业需要在可持续披露准则方面先学先试，才能在未来可持续披露全球监管强制实施的市场竞争中占据更加主动、更加有利的位置。

《中国农业企业ESG发展报告2024》立足于我国当前农业企业的发展实际，对我国农业企业ESG信息披露现状以及发展表现进行全面评估，展示了我国农业企业近年来在ESG方面取得的显著进展，揭示了不同细分行业的特点与不足，并针对我国农业企业的ESG发展趋势提出了建议和展望，具有重要的现实意义。

第一，报告的发布响应了国家对农业可持续发展的战略要求，契合了我国在生态文明建设和乡村振兴中的政策导向。随着我国政府对ESG标准的重视程度不断提升，农业企业在面对国家政策和市场需求时，迫切需要对自身的环境保护、社会责任和治理结构进行全面评估与改进。本报告旨在弥合中国ESG评价体系与国际标准之间的差距，推动与国际接轨，增强中国农业企业的全球竞争力。

第二，报告为中国农业企业提供了切实可行的指导，帮助它们在实践中有效落实ESG理念。在当前市场环境下，消费者和投资者越来越关注企业的社会责任履行和环境影响，这要求企业积极顺应这一趋势。本报告系统地介绍了国内农业企业 ESG 发展的现状，提供了有关 ESG 标准、信息披露要求和最佳实践的具体建议，帮助企业识别潜在的风险和机遇，并制定相应的行动计划。此外，报告通过对不同行业和企业规模的 ESG 表现进行分析，提出有针对性的改进建议，帮助农业企业在复杂的市场环境中找到适合自身的发展路径。

第三，本报告的发布将帮助农业企业提升其 ESG 管理能力，推动我国农业企业深化 ESG 理念，提升 ESG 发展水平，助力建立具有中国特色并符合农业发展要求的 ESG 标准体系。与此同时，报告也旨在引起社会对农业企业可持续发展的关注，促进公众对企业履行社会责任的认知与理解，推动政策、市场和社会的多方合力，促进农业的绿色转型与可持续发展，为实现高质量发展和全面乡村振兴作出新的贡献。

农业企业 ESG 发展背景

当前,我国农业可持续发展呈现出"政府引导、行业推动、企业实践、社会参与、国际合作"的五位一体、多元共促的社会责任推进格局。政府通过政策引导、规制和监管,一方面加大对绿色农业等可持续产业的支持力度,另一方面推动农业企业 ESG 建设,加快推动农业向可持续方向转型。农业及相关行业组织则通过标准建设、能力提升和交流互动,增强农业企业 ESG 意识和能力建设,同时提供方法工具方面的支持。农业企业作为农业可持续发展的主体,积极推进自身 ESG 战略规划和业务实践,通过技术创新推行绿色生产方式,提升生产效率、减少资源浪费和环境污染。同时,农业企业在扶贫、就业等社会责任领域的努力,也为农村经济和社会发展作出了贡献。社会各界,特别是投资者和公众对 ESG 问题的关注,推动了农业企业加快 ESG 转型。消费者的需求推动农业企业转向可持续的生产方式,以满足市场的绿色需求;新闻媒体和社会组织通过舆论监督等方式,进一步促进了农业企业的责任履行。国际合作则通过推广先进经验和最佳实践,推动农业企业 ESG 发展,提升了国际社会对中国农业企业的认可。

1.1 政策引导

党的二十大报告明确提出要加快推动经济结构优化升级，推进绿色低碳发展，推动能源清洁高效利用，加快构建以绿色化为基本特征的现代化产业体系；强调要坚持人与自然和谐共生，实施全面节约战略，提升自然资源利用效率，推动生态环境保护；强调要推动城乡区域协调发展，缩小收入差距，实现全体人民共同富裕，这些政策方针为可持续发展指明了方向。在创新、协调、绿色、开放、共享的新发展理念中，创新发展理念要求各行业通过技术进步和管理创新提升资源利用效率，减少污染排放，推动经济绿色转型；协调发展理念强调城乡、区域之间的协调发展，以及经济、社会、环境的协调发展；绿色发展理念要求发展方式绿色化、低碳化，推进生态文明建设，通过加强环境治理和生态保护，构建资源节约型、环境友好型社会；开放发展理念强调在全球化背景下，加强国际合作，借鉴全球可持续发展的先进经验，推动国内绿色发展；共享发展理念则关注社会公平，通过绿色发展成果的普惠性，使更多人群享受发展红利，体现可持续发展中的社会公平性，这些理念为可持续发展提供了具体的发展路径和指导方针。2023 年 12 月，《中共中央 国务院关于全面推进美丽中国建设的意见》发布，旨在进一步落实习近平生态文明思想，推动我国在新时代背景下环境保护和可持续发展，明确提出良好的生态环境是最普惠的民生福祉，强调要把美丽中国建设摆在强国建设的突出位置，通过环境保护措施和生态修复工程，推动自然生态系统的恢复和稳定；加快形成绿色低碳的生产方式和生活方式，全面推进绿色技术创新，构建绿色产业体系，推动经济社会发展全面绿色转型；要进一步打好蓝天、碧水、净土保卫战，控制温室气体排放，推进环境质量改善，推动中国走向高质量发展、人与自然和谐共生的新时代。

产业振兴是乡村振兴的重中之重，农业农村又是我国可持续发展和环境保护的重要领域，在国家发展战略中具有基础性作用。它不仅是保障国家安全的基石，还在生态保护中扮演着关键角色。农业在国家发展战略中占据着不可或缺的重要地位，并在实现可持续发展目标中发挥着重要作用。近年来，国家出台了多项政策措施以支持农业可持续发展，包括《全国农业可持续发展规划（2015—2030年）》《"十四五"全国农业绿色发展规划》《关于全面推进乡村振兴加快农业农村现代化的意见》等，这些政策都在推动农业向可持续方向发展。在农业企业ESG发展进程中，政府相关部门从规制、推进、监督三方面加强ESG建设，通过出台政策，鼓励企业开展ESG行动，推动农业农村现代化和乡村产业升级，保障绿色低碳农业的高质量发展（表1-1）。

表1-1 近年来中国推进农业农村现代化相关重要政策

发布时间	发布机构	文件名称	内容
2015年	农业部、国家发展改革委、科技部、财政部、国土资源部、环境保护部、水利部、国家林业局	《全国农业可持续发展规划（2015—2030）年》	通过保护耕地资源、提升耕地质量、节约高效用水、治理环境污染、改善农村环境、修复农业生态等措施，推动农业向可持续发展转型。提出了到2020年和2030年的具体目标，包括耕地基础地力提升、农田灌溉水有效利用系数提高、森林覆盖率增加等
2018年	农业农村部	《农业绿色发展技术导则（2018—2030年）》	明确了到2030年的发展目标，包括构建完善的农业绿色技术体系、提升农业生产的资源利用效率和生态友好性、促进农产品质量和农业竞争力的提升。主要任务涵盖研制绿色投入品、研发绿色生产技术、发展绿色产后增值技术、创新种养结构与技术模式等

（续表）

发布时间	发布机构	文件名称	内容
2021年	农业农村部、国家发展改革委、科技部、自然资源部、生态环境部、国家林草局	《"十四五"全国农业绿色发展规划》	明确了到2025年和2035年的发展目标，提出了加强资源保护、污染防治、生态修复、产业链升级、科技创新、体制机制完善等关键领域的具体措施。通过实施该规划，提升农业生产的可持续性，增加绿色优质农产品供给，促进农业现代化，为实现乡村振兴和生态文明建设提供支撑
2021年	中共中央、国务院	《"十四五"推进农业农村现代化规划》	提出加快数字化乡村建设，通过生物育种、耕地质量、智慧农业、农业机械设备、农业绿色投入品等关键领域，加快研发与创新一批关键核心技术及产品。发展智慧农业，建立和推广应用农业农村大数据体系，推动物联网、大数据、人工智能、区块链等新一代信息技术与农业生产经营深度融合。建设数字田园、数字灌区和智慧农场
2021年	中共中央、国务院	《关于全面推进乡村振兴加快农业农村现代化的意见》	提出到2025年农业农村现代化取得重要进展的目标，并围绕巩固拓展脱贫攻坚成果、加快推进农业现代化、实施乡村建设行动、促进农村消费和加快城乡融合发展等方面提出了具体政策和措施
2022年	中共中央、国务院	《关于做好2022年全面推进乡村振兴重点工作的意见》	全力抓好粮食生产和重要农产品供给，合理保障农民种粮收益，同时强化现代农业基础支撑，加快发展设施农业；聚焦产业促进乡村发展，持续推进农村产业融合发展；推进农业农村绿色发展，加强农业面源污染综合治理
2023年	中共中央、国务院	《关于做好2023年全面推进乡村振兴重点工作的意见》	提出了2023年及未来一段时期内"三农"工作的总体要求、主要任务和政策措施，强调了坚持农业农村优先发展、城乡融合发展的原则，以及确保国家粮食安全、防止规模性返贫等底线任务

制定 2030 年农业可持续发展目标。 2015 年，指导我国农业可持续发展的纲领性文件《全国农业可持续发展规划（2015—2030 年）》发布。文件提出，到 2030 年，农业可持续发展取得显著成效。供给保障有力、资源利用高效、产地环境良好、生态系统稳定、农民生活富裕、田园风光优美的农业可持续发展新格局基本确立。

文件强调农业企业需要提高资源利用效率，推动节约高效用水和环境污染治理，并通过生态修复增强森林、草原、湖泊和湿地等生态系统功能，促进农业向可持续方向发展。同时鼓励农业企业保护生物多样性和生态环境，为社会提供稳定的农产品供应，支持农村经济和生态平衡发展。引导企业加强对自然资源管理的治理能力，建立健全环境保护和生态系统管理机制，确保可持续发展战略的有效实施。

推进绿色农业体系建设。 农业农村部发布的《农业绿色发展技术导则（2018—2030 年）》和《"十四五"全国农业绿色发展规划》，构建了支撑农业绿色发展的技术体系和系统的发展规划。这两个文件提出通过科技创新、绿色技术推广、低碳生产和循环经济的实施，全面提升农业质量效益和生态保护水平。文件涵盖了从产前、产中到产后的绿色生产技术和标准体系建设，并通过细分行业规划，为各领域农业企业的绿色发展提供了明确的指导方向和政策保障。

2018 年，农业农村部发布《农业绿色发展技术导则（2018—2030 年）》（以下简称《导则》），旨在通过全面构建农业绿色发展体系，优化资源布局，把科技创新的重点转变到注重质量和绿色上来，推动农业农村经济发展实现质量变革、效率变革和动力变革，引领支撑农业农村现代化和乡村全面振兴。通过推动绿色技术在农村经济发展中的应用，促进农业现代化和农村经济振兴。导则提出，构建支撑农业绿色发展的技术体系，是推进农业供给侧结构性改革、提高我国农业质量效益竞争力的必由之路，是实施可持续发展战略、破解我国农业农村资源环境突出问题的根本途径，是实施创新驱动发展战略、培育壮大农业绿色发展新动能的迫切需要。构建这样一个绿色发展技术体系，对于引导农业农村科技创新围绕绿色发展，转变科技创新方向、优化科技资源布局、改革科技组织方式，加快以绿色为主导的科技创新和转化应用，都具有十分重要的指导意义。

2021年，农业农村部等六部门联合印发《"十四五"全国农业绿色发展规划》，文件指出，到2025年，农业绿色发展全面推进，制度体系和工作机制基本健全，科技支撑和政策保障更加有力，推动农业绿色发展、低碳发展、循环发展。文件提出打造绿色低碳农业产业链，全链拓展农业绿色发展空间，构建农业绿色供应链，推进产业集聚循环发展；坚持加工减损、梯次利用、循环发展，统筹农产品初加工、精加工和副产物加工利用，促进农产品商品化处理。文件强调以绿色为导向，推动农业与食品加工业、生产服务业和信息技术融合发展；加快绿色高效、节能低碳的农产品精深加工技术集成应用，建立健全绿色流通体系，促进绿色农产品消费。

农业农村部还针对细分行业制定了专门的规划文件，以更好地推动各领域的可持续发展。《"十四五"全国渔业发展规划》强调了渔业资源的可持续利用，提出要加强对渔业资源的保护，减少过度捕捞，促进水生生态系统的修复与恢复。推动发展绿色生态养殖，通过改进养殖技术，减少环境污染，并积极推广水产养殖废弃物的资源化利用，构建渔业循环经济。通过循环利用，减少废弃物排放，推动渔业的可持续发展。《"十四五"全国畜牧兽医行业发展规划》提出了通过科学的养殖方式和环保技术，特别是针对畜禽粪污的处理和资源化利用，减少畜牧业对环境的负面影响，推动畜牧业的生态化转型。这不仅包括减少温室气体排放，还涉及保护草地、湿地等生态环境。规划强调了优化畜牧业的产业链，推动绿色低碳技术的应用，促进畜牧业从生产、加工到废弃物处理的全链条绿色化。同时，加强畜禽产品的质量安全管理，提高生物安全水平，实现畜牧业的高质量、可持续发展。

全面推进乡村振兴。 2021年国务院印发的《"十四五"推进农业农村现代化规划》，对"十四五"时期推进农业农村现代化的战略导向、主要目标、重点任务和政策措施等作出全面安排，谋划推进了粮食等重要农产品安全保障、乡村产业链供应链提升、乡村公共基础设施建设等重大工程，并要求健全和落实相关机制，保障规划顺利实施。规划推动农业企业在乡村振兴中发挥重要作用，要求企业积极参与地方经济发展，提供就业机会和支持农村基础设施建设，促进农村地区的经济增长和社会发展。同年，中共中央、国务院发布《关于全面推进乡村振兴加快农业农村现代化的意见》，明确提出到2025年，农业农村现代化取得重要进展，农业基础设施现代化迈上新台阶，要实现巩固拓展脱贫攻坚成果同乡村振兴有效衔接。推进脱贫地区特色种养业提升行动，广泛开展农产品产销对接活动，深化拓展消费帮扶。鼓励农业企业积极参与乡村振兴战略，支持农村基础设施建设、扶贫项目、就业创造等工作。强调要提升粮食和重要农产品的供给保障能力，推进农业绿色发展，构建现代乡村产业体系，强化农业科技和装备的支撑。

2022年，中央一号文件《关于做好2022年全面推进乡村振兴重点工作的意见》发布，强调全力抓好粮食生产和重要农产品供给，合理保障农民种粮收益，同时强化现代农业基础支撑，加快发展设施农业。聚焦产业促进乡村发展，持续推进农村产业融合发展。推进农业农村绿色发展，加强农业面源污染综合治理。

2023 年，中央一号文件《关于做好 2023 年全面推进乡村振兴重点工作的意见》，明确提出了全面推进乡村振兴的关键任务，着重强调要在巩固脱贫攻坚成果、加快农业农村现代化、提升乡村产业链、强化农业基础设施、推动农村公共服务体系建设等方面持续发力。文件还指出，要通过加强金融支持、科技创新、政策保障和治理能力建设等手段，为农业农村高质量发展和乡村全面振兴提供坚实的保障和动力。

这些政策通过引导、规制、监管和支持，全面推动了农业企业对在环境（E）、社会（S）和治理（G）的关注。环境方面（E）：要求和鼓励农业企业采用绿色技术和节水灌溉等措施，减少污染，推动低碳农业发展，提升资源利用效率，从而实现绿色转型。社会方面（S）：政策强调农业企业的社会责任，包括员工培训、职业健康、安全生产，以及社区发展和乡村振兴。这些举措推动了农业企业社会责任的履行，促进了农村经济发展和社会公平。治理方面（G）：要求农业企业建立健全治理架构，强化内部管理和信息披露机制，确保治理的有效性和透明度，帮助企业更好地管理 ESG 风险和机遇。同时针对细分行业，通过制定具体的指导方针，如渔业和畜牧业的专项规划，直接和间接提出了各自行业中企业推进 ESG 发展目标和路径。这些针对性的政策措施有助于各行业更好地应对 ESG 挑战，提高整体农业行业的可持续发展水平。这些政策为农业企业提供了明确的行动框架，推动它们在环境保护、社会责任和企业治理方面不断改进，助力我国农业的绿色转型和可持续发展。

1.2 行业推动

行业组织作为农业企业 ESG 发展的推动方，积极引入 ESG 理念，制定标准规范，促进行业 ESG 交流，推动农业企业积极开展 ESG 实践应用。随着全球 ESG 投资趋势的不断升温，中国积极响应，采取一系列措施推动企业 ESG 发展和企业实践，推动企业更好地履行社会责任，实现可持续发展。中国农业及相关行业组织积极发挥自律、维权、协调、服务职能，通过发布 ESG 相关标准指南、开展 ESG 评价、评选优秀实践、发布行业报告等方式，促进农业 ESG 能力建设。

发布细分行业指南，推动可持续发展标准化。农业各细分行业推出 ESG 相关标准指南，推动农业在不同领域可持续评级的标准化发展，切实履行社会责任。2019 年 2 月，中国森林认证委员会发布《中国森林认证 产销监管链操作指南》进一步对具体操作流程进行了详细说明，确保企业能够准确执行森林认证标准。这不仅提高了企业在环境保护和资源管理方面的透明度，还强化了对森林生态系统的保护，为实现森林行业的 ESG 目标奠定了基础。2021 年，世界自然基金会（瑞士）北京代表处（WWF 北京代表处）与中国肉类协会共同发布了业内首个有关绿色发展的团体标准《中国肉类产业绿色贸易规范》标准及工具。该规范明确要求避免采购毁林高风险地区的产品，推动肉类企业在采购和供应链管理中采取更加环保的措施，减少森林破坏和温室气体排放，促进可持续的供应链管理。这些措施不仅推动了国内肉类产业的可持续实践，也为全球市场提供了重要借鉴，提升了国际竞争力。2023 年 12 月，在中国畜牧业协会的主导下，由三亚经济研究院、大北农等科研单位及多家行业龙头企业共同起草并发布《畜牧行业环境、社会、公司治理（ESG）信息披露指南》团体标准，指导畜牧企业从环境、社会和治理三个维度披露 ESG 信息，推动行业内部管理和外部形象的全面提升，促进畜牧业的可持续发展（图 1-1）。

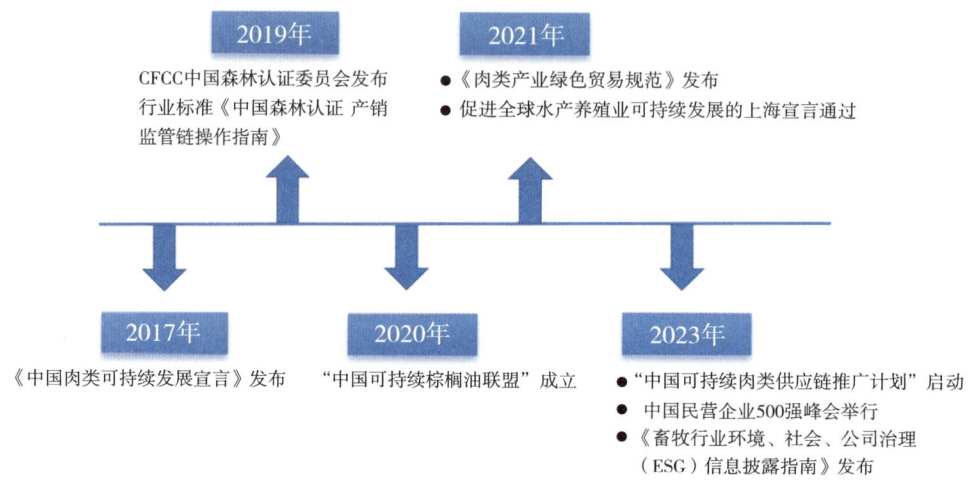

图 1-1　我国农业绿色政策发展

加强行业交流，开展可持续能力建设。行业交流对于可持续能力建设至关重要。通过知识共享、合作创新、标准化实践、提升竞争力和增强公众信任，企业能够更好地应对可持续发展的挑战，实现长远发展目标。在这个过程中，企业不仅提升了自身的可持续发展能力，也为行业的进步作出了重要贡献。

肉类产业可持续发展。WWF 与中国肉类协会多次合作推动中国肉类产业的可持续发展。2017 年，双方联合 64 家肉类企业发布《中国肉类可持续发展宣言》，为合作奠定了坚实的基础。该宣言推动企业承诺减少温室气体排放，保护生物多样性，并优化肉类生产的环境管理。这一宣言响应了政策对环境责任的要求，强化了企业在 ESG 框架下的供应链管理。2023 年启动的"中国可持续肉类供应链推广计划"，进一步推动了政策的落地，旨在通过持续改进供应链管理、降低环境风险和碳排放等措施，响应政策法规，推动中国肉类产业实现更高水平的可持续发展。该计划响应了国家在《"十四五"全国农业绿色发展规划》中对绿色低碳农业产业链的要求，通过技术改进和优化管理减少肉类产业的碳足迹和环境污染。这不仅提升了肉类企业的环境责任表现，还推动了整个行业向低碳转型，为农业领域的可持续发展贡献了力量。

棕榈油行业影响力提升。政府近年来加大了对进口资源的环境影响管理，特别是在《全国农业可持续发展规划（2015—2030年）》和相关政策中，强调了保护全球生物多样性和减少对外部生态环境的负面影响。在2020年"中国可持续棕榈油供应链论坛"成立的"中国可持续棕榈油联盟"聚焦于提高中国在全球棕榈油供应链中的可持续性。这一联盟的成立响应了政策对农业绿色发展的要求，通过推动可持续棕榈油的生产和消费，减少对热带雨林的毁林风险和生物多样性威胁，提升了中国在全球可持续供应链中的影响力。这一联盟推动企业采用RSPO（可持续棕榈油圆桌倡议）标准，确保从种植到最终产品的每个环节都符合可持续标准，降低了棕榈油产业环境的负面影响，强化了环境管理的国际标准和本地应用的融合，有助于提升中国企业的国际声誉和竞争力。

水产养殖业可持续能力提升。2021年，在上海召开的第四届全球水产养殖大会发布了《促进全球水产养殖业可持续发展的上海宣言》，这是全球水产养殖业在可持续发展目标下达成的共识。宣言提出了未来10年水产养殖的可持续发展路径，包括减少水产养殖对水生态系统的影响，提升水资源利用效率等。这些目标和行动与政府提出的绿色发展战略高度契合。宣言强调的可持续养殖方法直接支持了中国的农业绿色发展政策，如通过减少水产养殖废弃物的排放和加强水质管理来降低环境污染。这些措施帮助水产养殖企业在ESG领域更好地控制环境风险，满足绿色发展要求，并提高了资源利用效率和生态保护水平。

1.3 企业实践

农业企业在可持续发展中发挥着举足轻重的作用，通过运用生态友好的经营方式、保障食品安全、推动乡村经济振兴以及积极履行社会责任，不断开展 ESG 实践，提升自身 ESG 水平能力，为构建绿色、和谐、繁荣的社会作出重要贡献。

提升 ESG 透明度。ESG 信息披露水平和报告质量是企业透明度建设的重要组成部分，代表了企业在 ESG 治理方面的管理能力。透明度的增强有助于企业更好地应对外部监管和市场需求，提升企业形象和竞争力。同时，良好的信息披露和高质量的报告也有助于吸引更多的投资者，增强市场信心。

ESG 信息披露数量逐年增加。近年来，农业企业在可持续发展信息披露方面取得了显著进展。2023 年，农林牧渔行业 150 家上市公司中有 56 家发布了可持续发展报告、ESG 报告或社会责任报告，披露率接近 38%，相较于 2017—2022 年的披露数量呈现上升的趋势，表明农业企业正逐渐认识到 ESG 信息披露的重要性，并积极向公众展示其在可持续发展方面的努力和成果。通过加强信息披露，农业企业不仅提升了自身的运营透明度，也增强了与投资者、消费者等利益相关方的沟通与交流。这有助于企业和各方建立更加互信的关系，促进企业的可持续发展。

报告披露质量稳步提升。农业企业 ESG 报告的披露质量也在逐年提高。根据金蜜蜂智库报告评估，农林牧渔行业报告评估数量在逐年增长，且报告质量得分也在不断提高。2023 年（截至 10 月）报告质量得分达到 55.95 分，相较于 2018 年的 49.7 分有了显著提升，质量得分略低于报告整体的平均得分 57.49 分[①]，发展阶段和报告整体一致，均处于发展阶段，显示出农业企业在 ESG 管理方面的专业能力和水平在不断提高，企业更加注重报告内容的真实性、准确性和完整性。通过翔实的数据和案例展示企业在 ESG 领域的实际成果，这不仅提升了报告的可信度和透明度，也反映出企业在 ESG 治理中的管理能力的提升。

多维度践行环境保护。通过多维度的环境保护措施，农业企业在气候变化、污染防治、水资源和海洋资源管理、生物多样性和生态系统保护以及资源利用和循环经济方面取得了显著进展。这不仅降低了企业的环境风险，提升了资源利用效率和经济效益，也为推动绿色发展和可持续经济作出了重要贡献。

气候变化。通过推广低碳农业技术，如免耕种植、轮作休耕和有机农业，企业大幅减少了农业生产的碳排放。许多企业还采用了可再生能源，如太阳能和风能，替代传统化石燃料，进一步减少了碳足迹。此外，企业积极开展碳捕集与封存技术研究，通过植树造林和土壤固碳等措施，增加碳汇，抵消碳排放。这些措施不仅有效降低了温室气体排放，还提升了农业生产的可持续性和抗气候变化能力，推动了绿色农业的发展。

污染防治。通过推广有机农业，减少化肥、农药的使用，企业大幅降低了农业生产对土壤和水体的污染。与此同时，许多企业引入了畜禽粪污处理和资源化利用技术，将废弃物转化为有机肥料，既减少了环境污染，又提升了资源利用效率。林业企业在污染防治方面也采取了积极措施，大亚圣象和兔宝宝等多家企业获得了国家级生态农场认证，通过创新技术和管理措施，有效减少了生产过程中对环境的

---

① 发布 ESG/ 可持续 / 社会责任报告的上市和非上市公司平均得分。

污染。

水资源和海洋资源。农业企业通过推广节水灌溉技术，如滴灌和喷灌，企业大幅减少了水资源的浪费，提高了灌溉效率。此外，企业还实施了雨水收集和循环利用系统，进一步减少了对地下水资源的依赖。渔业企业在管理和保护水资源及海洋资源方面也采取了积极措施。截至 2022 年年底，国内已有 607 家企业获得了海洋管理委员会认证（MSC 认证），表明其在可持续渔业管理和水资源保护方面的努力得到了国际认可。

生物多样性和生态系统。通过实施生态农场建设和多样化种植，企业有效地保护了农田生物多样性，减少了单一作物种植带来的生态风险。同时，许多企业在生产过程中减少了化学农药和化肥的使用，采用生物防治和有机肥料，维护了土壤和水体的生态平衡。此外，企业积极参与湿地修复和生态廊道建设，恢复和保护了野生动植物的栖息地。这些措施不仅增强了农业生态系统的稳定性，还促进了农作物的健康生长，提高了农业的可持续性和经济效益。例如，蒙牛旗下的现代牧业集团与中粮国际有限公司签订合作备忘录，达成中国乳业首个"零毁林"大豆订单，助力全球打造更有韧性的农业绿色供应链。这一举措不仅保护了森林生态系统，还促进了生物多样性的保护。

资源利用和循环经济。通过推广废弃物资源化利用技术，如将农作物残留物和畜禽粪便转化为有机肥料，企业有效地减少了农业废弃物的排放，提升了资源利用效率。截至 2023 年第一季度，约 359 家农业企业获得了 CFCC（China Forest Certification Council）认证，表明其在可持续森林管理方面达到了高标准。

创造多利益相关方共享价值。农业企业通过多种创新实践，不仅提升了企业的社会形象和声誉，还促进了农业产业的可持续发展。农业企业在员工培训、社区支持、消费者需求满足、供应链管理和乡村振兴方面的努力，展现了其为多利益相关方创造共享价值。

员工。农业企业注重员工的专业培训和技能提升，特别是在新技术和可持续农业实践方面。通过提供持续的技术指导和职业发展机会，企业不仅提升了员工的专业水平，还增强了员工的归属感和工作满意度。

社区资源和关系。企业积极参与各种公益活动，向贫困地区捐赠资金、物资和技术支持，帮助改善当地的生活条件。企业通过设立教育基金和奖学金，支持农村地区的教育事业，帮助贫困学生完成学业。通过这些公益举措，农业企业不仅提升了企业的社会形象和声誉，还促进了社区的和谐发展和经济振兴，进一步巩固了企业与当地社区的良好关系。这些努力展示了农业企业在履行社会责任方面的坚定承诺，有助于构建更具韧性和可持续的农村经济和社会环境。

消费者和最终用户。农业企业严格按照有机农业标准，减少或避免使用化学肥料和农药，确保产品的天然和无污染。此外，许多企业建立了从农田到餐桌的全程质量控制体系，进行严格的生产监控和认证，以保证食品的安全和品质。例如，截至2021年年底，绿色食品获证企业数量为10 492家[①]，显示出绿色食品市场的快速扩展和消费者对安全健康食品需求的日益增长。这些举措不仅满足了消费者对高质量、环保食品的需求，还提升了企业的市场竞争力和品牌信誉，推动了农业的绿色可持续发展。

供应链管理。通过引入可追溯系统，消费者可以追溯到产品的种植、生产和加工过程，增强了产品透明度和消费者信任度。企业还积

---

① 数据来源：中国绿色食品发展中心，http://www.greenfood.org.cn/。

极与认证机构合作，获得有机食品认证和绿色食品认证，以保证产品的高标准和高品质。通过这些措施，企业提高了供应链的效率和可靠性，推动了农业的绿色可持续发展。

乡村振兴。通过实施产业帮扶计划，农业企业带动农户采用先进的农业技术，提高农作物产量和质量，促进农业增效和农户增收。例如，鲁花集团通过科技创新育种，为农户提供优质种子和全程技术指导，显著增加了农户的经济收益。此外，农业企业在农村地区建立加工基地，增加了当地农民的就业机会，促进了当地农村经济发展。鲁花集团在河南、延津等地建设花生油加工基地，新增花生油产能25万吨，带动了200多万亩（1亩≈667米^2，全书同）标准化生产基地，帮助农民创收50多亿元。这些举措不仅促进了乡村振兴战略的实施，也增强了农业企业的社会责任感和市场竞争力。

1.4 社会参与

随着人们环保意识的不断提高和社会责任感的增强，农业企业的ESG发展日益成为关注焦点。消费者、新闻媒体、社会组织、ESG评级机构扮演着重要的监督、舆论和服务角色，推动企业ESG意识提升和实践进展。

消费者对食品健康与安全方面的需求增长，注重维护自身权益，从需求侧推动企业ESG发展。消费者作为农产品、乳制品等食品的受益者，敦促农业企业本着负责任的原则与客户和顾客合作，更加重视依法主张自身合法权益，在促进农业企业提高产品的质量与安全水平、推动农业企业采用绿色生态的农业生产方式、减少化学农药化肥的使用等方面发挥积极的影响和作用。消费者通过相关的投诉渠道维护自身权益，促进农业企业开展可持续实践。全国12315消费投诉平台[①]的数据显示，截至2024年7月31日0时，食品安全近一个月投诉量145 697件，环比增长7.2%（调解成功率53.14%）。食品安全问题依然是消费者关注的重点，投诉量的增长反映了公众对食品安全的高度重视。

新闻媒体发挥舆论监督作用，促进农业企业ESG实践发展。 新闻媒体作为舆论监督的重要力量，通过开展农业企业ESG相关评价、加强企业ESG实践跟踪、深度报道等，营造全社会重视农业ESG的氛围，引导农业更加重视自身ESG建设。农民日报等新闻媒体积极发布农业企业在环境、社会和治理信息披露[②]等方面的情况，推动农业企业加强ESG管理，推动农业企业高质量发展。

专业机构促进农业企业绿色发展。 中国农业科学院和中国农业绿色发展研究会连续五年发布《中国农业绿色发展报告》，该报告在农业农村部发展规划司的指导下，利用客观且权威的数据，全面展现了五年间中国农业绿色发展的综合状况、关键举措和显著进展。2023年9月12日，由中华全国工商业联合会（简称全国工商联）与山东省人民政府共同主办的中国民营企业500强峰会在济南举行，重点讨论了民营企业在推动绿色低碳和乡村振兴方面的重要作用。会议鼓励企业积极参与国家绿色发展战略，通过科技创新和数字化转型，实现高质量发展，为社会主义现代化国家建设作出新贡献。

评级机构等组织开展ESG评价，促进农业企业加强ESG建设。 国际国内的多家ESG评级机构均开展了包含农业企业在内的ESG评级活动，公开农业企业ESG评级结果，为投资者及其他市场主体评价农

---

① 数据来源：全国12315消费投诉平台，https://tsgs.12315.cn/#/viewport。

② 数据来源：https://wap.cqcb.com/shangyou_news/NewsDetail?classId=7128&newsId=5091545。

业企业 ESG 表现提供了参考，发挥了促进农业 ESG 发展的作用。上海数据交易所与德勤风驭合作发布 ESG 行业白皮书系列报告《ESG 农林牧渔行业白皮书[①]》。其中，明晟（MSCI）ESG 评级和标普国际（S&P Global）的可持续发展（Corporate Sustainability Assessment，CSA）评估较具影响力。明晟公布的 ESG 评级结果显示，我国农业企业的评级整体上波动平稳，包括金龙鱼在内的部分企业评级略有上升，金龙鱼过去几年评分一直在提升，2023 年已被评为 A；温氏集团、新希望、海大集团、牧原股份过去几年基本保持在 B 的评级水平，农业 ESG 实践取得积极成效。国内农业行业的 MSCI ESG 评级长期处于落后水平，除了金龙鱼之外基本上没有改善。究其原因，可能是由于国内对 ESG 评级不重视，或者评价公平公正性及针对性有待进一步加强。

1.5　国际合作

国际合作在中国农业可持续发展中发挥着关键作用。国际合作为中国农业企业提供了学习和借鉴先进技术和管理经验的机会。通过参与国际标准的制定和执行，中国农业企业能够在全球范围内推广一致的可持续发展标准，提升行业的整体 ESG 表现、有助于提高在国际市场上的竞争力。通过积极参与国际合作，中国农业企业不仅为全球问题的解决贡献了力量，还增强了自身在应对这些挑战中的能力。

中国农业企业积极参与社会责任和可持续发展方面的国际合作，遵守联合国全球契约组织（UNGC）、可持续棕榈油圆桌倡议组织（RSPO）、热带雨林联盟（TFA）、世界自然基金会（WWF）、森林管

---

① 数据来源：https://www.sohu.com/a/730264056_121649899。

理委员会（FSC）和世界动物保护协会（WAP）等制定的国际标准和倡议（图1-2）。这意味着中国不仅扩大和深化其国际影响力，还为全球农业的可持续发展带来宝贵的中国经验。随着全球合作的深入，中国农业企业继续借鉴国际先进经验，通过签署《可持续发展宣言》等方式，更加全面地将环境、社会和治理因素纳入经营和投资决策，有效管理风险，推动业务创新，实现高标准发展。

图 1-2　农业企业参与可持续发展的国际组织情况

关注动物福利。自 2007 年 1 月起，中国与世界动物保护协会（WAP）签署《中国人道屠宰计划合作备忘录》，通过这一合作，中国农业企业开始注重改善动物养殖和屠宰过程中的人道主义标准，为提升全球动物福利贡献了中国的力量。山东省和河南省积极推进人道屠宰规范。山东省发布了《山东省畜禽屠宰管理办法》，要求在屠宰前给予畜禽合理的休息时间，使用麻醉等措施减少痛苦。河南省制定了《河南省生猪屠宰管理条例》，要求屠宰场设立动物检疫和休息区，并采用无痛屠宰技术。这些规范提升了动物福利标准，推动屠宰行业的规范化管理，同时提高了动物产品的质量和安全水平。这种合作不仅提高了中国企业在国际市场上的形象，也促进了国内动物福利标准的提升。

参与国际可持续发展行动。 自 2017 年起，中国农业企业在国际合作领域取得了显著成就。优然牧业、通威股份、伊利股份、现代牧业、蒙牛等领军企业纷纷加入联合国全球契约组织（UNGC）。这一组织倡导企业在其全球运营中遵循人权、劳动标准、环境保护和反腐败的十项原则。通过加入联合国全球契约组织（UNGC），不仅提升了企业的可持续发展能力，也为全球农业可持续发展贡献了中国智慧。

推广可持续棕榈油。 在 2018 年可持续棕榈油圆桌倡议组织（RSPO）中，中国农业企业的影响力日益增强，积极推动可持续棕榈油的生产与消费。可持续棕榈油圆桌倡议组织（RSPO）与中国食品土畜进出口商会及世界自然基金会共同发起的"中国可持续棕榈油倡议"，推广可持续生产方式，减少环境影响，提升供应链透明度与责任感。

肉类产业迈向可持续发展。 中国肉类协会与世界自然基金会（WWF）近十年的合作成果显著，在中国肉类企业的支持下，2021 年提出了《中国肉类可持续发展宣言》，制定了全球首个针对肉类贸易的绿色贸易规范，标志着中国在肉类产业可持续发展方面迈出了重要步伐，为全球提供了宝贵的经验。

应对气候变化。 2022 年 11 月 8 日，中粮国际等 14 家全球领先的粮企在世界经济论坛热带雨林联盟（TFA）上发布遏制毁林的"行业路线图"，表明了中国农业企业应对气候变化和保护热带雨林的决心与行动，为全球农业行业的可持续发展作出了巨大贡献。

绿色家居助力森林保护。 2023 年，森林管理委员会（FSC）中国区与志邦家居联合发起的绿色家具可持续森林倡议，旨在保护森林资源，这一行动体现了中国企业在国际标准方面的积极响应和实际行动，推动了绿色家居产业的发展和森林资源的保护。

  国际合作为中国农业企业的可持续发展提供了重要平台和支持。通过积极参与和遵循国际标准，中国农业企业不仅推动了自身的绿色转型和高质量发展，还为全球农业的可持续发展贡献了中国智慧和经验。未来，随着国际合作的进一步深化，中国农业企业将继续在全球农业可持续发展中发挥重要作用。

农业企业 ESG 信息披露现状

本章根据农业企业可持续发展具体特征，将农业企业进一步划分为 7 个细分行业，并以我国农业上市公司为样本，分析农业企业 ESG 发展及 ESG 信息披露情况。

2.1 行业分类

农业企业各细分行业在可持续发展方面的特点具有较大差异性，为了客观有效地评价农业企业可持续发展水平，有必要进一步对农业企业进行行业细分。

对于上市公司行业划分，主要有《国民经济行业分类》《证监会行业分类》《中国上市公司协会行业分类》《申银万国行业分类》《中信行业分类》等。这些分类标准对农业的划分方式各有侧重，根据不同的农业特征和生产链条，行业协会或自定义分类标准通常包含多样化的细分。

《国民经济行业分类》是根据企业的主营业务划分行业类别。农业企业的业务涉及种植、林草、畜牧、渔业、农产品加工等环节，因此，这些业务被分为多个细分行业。包括农业、林业、畜牧业、渔业、农副食品加工业、兽用药品制造业、农林牧渔专用机械制造业等。按照国民经济行业分类，上市公司中共132家企业可归属农业及相关行业，其中，农林牧渔业（农业、林业、畜牧业、渔业）45家，农副食品加工业归属于制造业，共66家上市公司；兽用药品制造业归属于制造业，共10家上市公司；农林牧渔专用机械制造业归属于制造业，共11家上市公司。

《证监会行业分类》主要面向A股上市公司，与国民经济分类类似，但包含更多的服务业类别，覆盖从初级生产到服务的全产业链。包括农业、林业、畜牧业、渔业、农、林、牧、渔服务业；食品加工业；动物用药品制造业；农林牧渔、水利业机械制造业等共108家企业。其中，农林牧渔业（农业、林业、畜牧业、渔业、农、林、牧、渔服务业）57家，食品加工业归属于制造业，共47家上市公司；动物用药品制造业归属于制造业，共1家上市公司；农林牧渔、水利业机械制造业归属于制造业，共3家上市公司。

《中国上市公司协会行业分类》主要面向A股上市公司，专注于企业的核心生产业务，涵盖初级生产和加工环节。包括农业、林业、畜牧业、渔业、农副食品加工业等行业共110家企业。其中，农林牧渔业（农业、林业、畜牧业、渔业）共44家，农副食品加工业归属于制造业，共66家上市公司。

《申银万国行业分类》涵盖A股及部分港股上市公司，涵盖更广泛的农业上下游产业链，突出农产品加工和综合农业服务的细分，包括种植业、渔业、林业、饲料、农产品加工、养殖业、动物保健、农业综合等共153家企业。其中，农林牧渔业（林业、动物保健、农产品加工、农业综合、饲料、养殖业、渔业、种植业）共111家，农用机械归属于机械设备业，共10家上市公司；农药归属于基础化工业，共 32 家上市公司。

《中信行业分类》涵盖 A 股及部分港股上市公司，强调农产品加工和农业服务，体现了产业链延伸和多样化。包括种植业、畜牧业、渔业、林业、农产品加工、农药等行业共 132 家企业。其中，农林牧渔业（种植业、畜牧业、渔业、林业、农产品加工）共 101 家，农药归属于基础化工业，共 31 家上市公司。

本报告参考《国民经济行业分类》《证监会行业分类》《中国上市公司协会行业分类》《申银万国行业分类》《中信行业分类》等行业分类标准，根据公司主营业务占比情况选取纳入农业行业的 A 股及港股中资上市公司，并根据行业特点进一步划分为若干细分行业。通过对企业主业的逐一核查分析，最终选取了属于农业企业的 150 家 A 股及港股中资上市公司（附件 1），其中 A 股上市公司 145 家、港股中资上市公司 5 家。这些企业涵盖了农业产业链中初级生产和加工等多个环节，为全面评估农业企业的可持续发展表现奠定基础。

本报告综合参考上述分类标准，结合细分行业的特点，并采纳农业领域专家学者在专家会议[①]中提出的意见和建议，最终将农业企业划分为种植业、林草业、畜牧业、渔业、农副产品加工业、生物安全业、农业服务业 7 个细分行业（表 2-1）。农业行业的细分反映了企业在绿色发展和可持续发展方面的不同特点与实践。全面覆盖农业生产、加工、服务的各个环节，确保了全产业链的 ESG 评估。由于不同细分行业面临的环境和社会问题各不相同，这样的分类有助于制定更科学、更有针对性的政策和标准，促进全行业的可持续发展。通过分类，企业可以找到行业内类似的 ESG 实践伙伴，促进行业间的交流与合作，共同提升行业的可持续发展水平。

---

① 2024 年 4 月 3 日在中国农业科学院农业经济与发展研究所召开专家评审会议开会讨论。

表 2-1 7 个细分行业与国内主流分类标准的异同点

细分行业	国民经济行业分类	证监会行业分类	中国上市公司协会行业分类	申银万国行业分类	中信行业分类
种植业	涵盖农作物种植与管理，涉及土壤、灌溉等活动	包含农业的基础种植活动	涵盖种植业与作物管理	涵盖种植业，专注于作物生产	包括种植业，注重作物的种植与管理
林草业	包含森林和草原管理与发展	包括林业和相关活动，但不专门划分草业	仅包含林业，不包括草业	包含林业，但无具体草业分类	包括林业，不专门涵盖草业
畜牧业	包括牲畜饲养和动物繁殖	涵盖广泛的动物饲养活动	涵盖畜牧业，强调动物养殖	包括畜牧业，强调动物养殖	包括畜牧业，专注于动物饲养
渔业	涵盖水生生物资源的捕捞和养殖	涉及水产捕捞和养殖活动	涵盖渔业，包括淡水和海水资源利用	涵盖渔业，关注水产资源的利用	涵盖渔业，专注于水产捕捞与养殖
农副产品加工业	涉及农产品的初级和深加工，提升附加值	包括食品加工业，涉及农产品加工	包括农副食品加工业，注重农产品的加工处理	涵盖农产品加工，特别是初级加工和深加工	涵盖农产品加工及兽药、食品加工
生物安全业	涉及兽用药品制造和生物制品研发	包含动物用药品制造，但不特别定义生物安全	不单独划分生物安全，属于更广泛的药品制造	包括动物保健，但无单独的生物安全分类	涵盖农药及兽药，但无生物安全细分
农业服务业	包括农业生产支持和增值服务	包括农、林、牧、渔服务业，但不特别定义农业服务	包括农、林、牧、渔专业及辅助性活动，但不特别划分农业服务	提到农业综合和农用机械，但不单独定义农业服务	包含农业服务业，但无单独的服务业分类

29

种植业。种植业是指通过系统性地栽培植物以生产食品、原料和其他生物产品的农业分支行业。它涉及对土地进行准备、播种、作物管理以及收获等一系列复杂且技术性的活动。种植业不仅为人类提供了基本的食物来源，也是许多纺织纤维、生物燃料和医药用品的重要原材料来源。各分类标准均涵盖了种植业，主要集中在农作物种植与管理，但国民经济分类和证监会分类标准更强调作物的生产，而其他分类（如申银万国和中信）更注重市场中的产品细分。种植业涵盖了各种农作物的种植与管理，涉及土地准备、播种、作物管理及收获等一系列复杂活动。该行业的划分有助于评估企业在作物管理、土壤保护、灌溉节水等方面的可持续实践。代表性企业包括北大荒集团、袁隆平农业高科技股份有限公司。

林草业。林草业是指对森林、草原及其相关自然资源进行管理、保护和发展的一系列综合活动的行业。这一领域不仅涉及木材及其他林产品生产，还包括非木材林产品、野生动植物资源利用、生态旅游、碳汇交易等多个方面。林草业对于维护生物多样性、保护生态系统服务功能、促进乡村经济发展以及应对气候变化具有重要意义。大部分分类标准（如国民经济、证监会）将林业和草业结合，但并不总是专门区分林业和草业。林草业的分类反映了对森林、草原的综合管理，体现了生态保护与资源利用的双重目标。林草业强调森林和草原的综合管理和利用，涉及生态系统的维护、生物多样性保护、碳汇交易等。这类划分有助于分析企业在生态保护、碳足迹减少等方面的贡献。代表性企业包括福建省永安林业（集团）股份有限公司、中福海峡（平潭）发展股份有限公司。

畜牧业。畜牧业是指专门从事动物的饲养与繁殖，以获取肉类、乳制品、蛋类以及其他动物源性产品的行业。这一行业不仅为人类提供必需的营养品，还支持着众多经济活动和社会文化传统。畜牧业涵盖了广泛的动物种类，包括牛、羊、猪、家禽等。各分类标准基本一致，均涵盖了牲畜饲养和动物繁殖，关注动物源性产品的生产和管理。畜牧业专注于动物的饲养与繁殖，获取肉类、乳制品等产品，划分畜牧业可以评估企业在动物福利、抗生素使用等方面的表现。代表性企业包括牧原食品股份有限公司、罗牛山股份有限公司。

渔业。渔业是指人类利用水生生物资源进行捕捞、养殖等一系列活动的产业。它不仅是重要的食品来源，也是许多国家和社区经济的重要组成部分。渔业作为全球经济和社会发展的关键领域，涵盖了从海洋、河流到湖泊等水域的生物资源的捕捞、养殖等。它为人类提供了丰富的蛋白质来源，支持了全球数百万人口的生计。各分类标准中均包含渔业，重点放在水生生物资源的捕捞和养殖。渔业的可持续管理在不同分类中都有体现。渔业涵盖水生生物资源的捕捞、养殖和加工。细分渔业有助于评估企业在水资源管理、渔业可持续性和生态保护方面的实践。代表性企业包括中水集团远洋股份有限公司、獐子岛集团股份有限公司。

农副产品加工业。农副产品加工业是指将农产品和初级原料通过一系列物理、化学或生物过程转化为可供消费的食品或食品原料的产业。这一行业不仅涵盖了谷物、蔬菜、水果、肉类、乳制品等各类农产品的加工处理，还涉及食品添加剂、调味品、饮料等多种产品的生产和包装。各分类标准对农副产品加工业的定义略有差异。国民经济和中国上市公司协会的分类标准侧重于食品和非食品的加工，而证监会和申银万国则更侧重食品加工业，显示出对产品加工和附加值提升的不同关注点。农副产品加工业包括农产品的初级和深加工，是农产品增值的重要环节。这个行业的划分可以评估企业在加工过程中的资源利用效率、污染控制和循环经济发展等方面的可持续表现。代表性企业包括深圳市京基智农时代股份有限公司、海南京粮控股股份有限公司。

生物安全业。生物安全业作为生物医药和农药领域的重要组成部分，专注于研发、生产和使用药物及生物制品以促进动物健康、预防和治疗动物疾病，并确保动物源性食品的安全性。这一领域不仅涵盖了兽医药品的研发与应用，还涉及动物疫苗、生长调节剂、饲料添加剂等产品的开发与管理，旨在提高动物健康水平。并非所有分类标准中都有明确的生物安全业分类。国民经济和证监会分类标准中包含兽用药品制造和生物制品的研发，申银万国和中信分类中则将其纳入更广泛的动物保健和农药范畴，显示出生物安全业的专业性和跨领域特性。生物安全业适合广泛的生物安全措施和技术分析，适用于综合性的生物安全讨论，主要涉及兽医药品、动物疫苗等生物制品的研发和应用，保障动物健康及食品安全。划分这一行业有助于评估企业在生物技术创新、动物健康管理等方面的贡献。代表性企业包括中牧实业股份有限公司、中国生物技术股份有限公司。

农业服务业。农业服务业是指为农业生产提供支持和增值服务的一系列行业。它通过提供专业服务，增强农业生产的效率及可持续性。该行业涵盖了从种子选择、土壤管理到作物保护、农业机械租赁、农产品市场分析等多个方面，为农业生产者提供全面的解决方案。各分类标准中对农业服务业的定义范围有差异。国民经济和证监会分类强调生产支持和服务业，但不详细划分为农业服务分类；而申银万国和中信分类虽然提到农业综合和农用机械，但没有单独的农业服务分类，反映出农业服务业的广泛性和多样性。该行业提供支持农业生产的服务，如机械租赁、作物保护、市场分析等。细分农业服务业可以分析企业在支持农业生产效率和可持续发展的能力建设和服务创新方面的表现。代表性企业包括安徽辉隆农资集团股份有限公司、大禹节水集团股份有限公司。

2.2 农业企业 ESG 信息披露

农业企业发布的 ESG 报告/可持续发展报告是评估其可持续发展表现的重要数据基础。本报告选取了 150 家[①]A 股及港股中资上市农业企业作为评价对象，涵盖农业产业链中的种植业、畜牧业、渔业、农副产品加工业、生物安全业和农业服务业等多个细分领域。对这些农业企业 2023 年 ESG 报告/可持续发展报告发布情况进行收集、统计和分析，其中，56 家企业披露了 ESG 报告/可持续发展报告（54 家 A 股上市公司和 2 家港股中资上市公司）。在报告命名方面，3 家命名为可持续发展报告，占总数的 5%；21 家命名为 ESG 报告，占总数的 38%；另外 32 家命名为社会责任报告，占总数的 57%（表 2-2）。

表 2-2 已披露企业中发布报告类型及占比情况

报告类型	数量（家）	占比
可持续发展报告	3	5%
ESG 报告	21	38%
社会责任报告	32	57%

---

① 食品、饮料、酒类等上市公司暂未纳入。

3

农业企业 ESG 发展评价方法

农业企业 ESG 发展评价方法立足于为相关方提供一个系统地、有效地了解农业企业 ESG 发展水平的窗口，以政府机构 ESG 监管政策与要求为依据，参考财政部《企业可持续披露准则——基本准则（征求意见稿）》、上海、深圳、北京证券交易所分别发布的可持续发展报告指引、国资委《央企控股上市公司 ESG 专项报告编制研究》等标准指南，国际财务报告可持续披露准则（ISSB 准则）、《可持续发展会计准则》（SASB）、全球报告倡议组织（GRI）等国际准则和标准，采用治理、战略、影响、风险和机遇管理、指标和目标四支柱框架，考虑投资者、消费者、合作伙伴、公众等多利益相关方对农业企业管理外部性影响的期望与诉求，构建农业企业 ESG 发展评价指标体系。

3.1 设计理念

在农业企业 ESG 发展评价体系的设计理念上，既要响应党和政府对农业现代化的要求和政策，又要体现中国政府部门对企业可持续/ESG 的相关政策和规范，还要吸取国际 ESG 的有益经验及反映其发展趋势和最新进展。

响应党和政府对农业现代化的要求和政策。党的二十大报告指出，中国式现代化的内涵是人口规模巨大的现代化、全体人民共同富裕的现代化、物质文明和精神文明相协调的现代化、人与自然和谐共生的现代化、走和平发展道路的现代化、向新质生产力发展的现代化。农业企业ESG发展理念与中国式现代化的内涵有很高的匹配度，是农业企业ESG评价的根本遵循和基本指引。

国家出台了一系列政策文件，旨在促进农业农村现代化、农业可持续发展、农业绿色发展、全面推进乡村振兴等，为评估农业企业可持续/ESG表现提供了重要参考基准。例如，2015年发布的《全国农业可持续发展规划（2015—2030年）》，提出农业向资源节约型、环境友好型和生态保育型转变，确保国家粮食安全、农产品质量安全、生态安全和农民持续增收等目标。2016年发布的《全国农业现代化规划（2016—2020年）》，提出提高农业资源利用效率、减少农业环境污染、加强农业生态保护等具体措施。通过推广节水灌溉技术、生态农场建设和有机农业等手段，农业企业在减少环境影响、提高生产效率方面取得了显著成效。2021年发布的《"十四五"全国农业绿色发展规划》从农业资源、产地环境、农业生态、绿色供给等多个方面制定了"十四五"阶段性战略规划及至2035年的远景目标。

农业企业ESG发展评价，应坚持服务于农业农村现代化总体目标，参考国内外主流企业ESG评价指标构建经验，从环境、社会、治理三大领域出发细化构建指标体系，考察农业企业在促进农业可持续发展、绿色农业发展、全面乡村振兴等方面的综合表现水平。

农业企业ESG发展评价中环境因素（E）的评价，应将人与自然和谐共生的现代化要求，农业向资源节约型、环境友好型和生态保育型转变的要求，耕地保护、水资源节约、产地环境清洁、生态系统稳定和绿色供给能力提升等农业绿色发展要求目标化和指标化，从治理、战略、影响、风险和机遇管理、指标和目标四个角度，分别评价农业企业在气候变化、污染防治、水资源和海洋资源、生物多样性和生态系统、资源利用和循环经济方面的综合表现。

农业企业 ESG 发展评价中社会因素（S）的评价，应将全体人民共同富裕的要求，国家粮食安全、农产品质量安全、生态安全和农民持续增收等农业可持续发展要求目标化和指标化，考虑农业企业如何处理与员工、社区、消费者、供应商等利益相关方的关系，评价农业企业在员工、社区资源和关系、消费者和最终用户、供应链管理、乡村振兴方面的综合表现。农业企业通过提供公平的劳动条件、支持社区发展、保障消费者权益、促进各利益相关方共享发展成果，体现了其在初次分配阶段的贡献；通过促进农村就业、投资农村基础设施，体现了其在再分配阶段的贡献；通过参与公益慈善活动、支持乡村振兴，体现了其在第三次分配阶段的贡献。

农业企业 ESG 发展评价中治理因素（G）的评价，应符合物质文明和精神文明相协调的要求，农业可持续发展整体方向，国际通行的企业可持续发展治理机制建设基本要求等，重点考察农业企业在商业行为方面的表现，以及如何从治理层面推动 ESG 建设，包括在监督和管理可持续影响、风险和机遇时，在机构、人员、机制、决策考虑等方面的表现。

体现中国相关的 ESG 政策和规范。主要包括财政部发布的《企业可持续信息披露准则——基本准则（征求意见稿）》，以及中国证监会指导下，沪深北三个交易所发布的 A 股可持续发展报告指引。这些准则和指引不仅是信息披露的政策和规范，更是企业行为的指引，体现了中国在可持续发展领域的具体要求和标准。

在财政部《企业可持续信息披露准则——基本准则（征求意见稿）》和中国证监会指导下，沪深北三个交易所发布的A股可持续发展报告指引中，共同点虽然是信息披露政策和规范，但同时也是体现可持续/ESG企业行为指引。共同点在于强调治理、战略、影响风险和机遇管理、指标和目标四个要素。这四要素不仅是企业进行ESG议题管理的工具，也是整体ESG管理的基础方法论。这四个要素都聚焦于企业如何识别、管理和报告与其业务相关的可持续发展议题。四要素为ESG评估提供了结构性框架，帮助农业企业系统性地披露其在可持续发展中的表现。**治理**：关注农业企业如何在高层次上监督和管理与可持续发展相关的事宜，包括董事会和管理层的角色和责任。**战略**：考察企业如何将可持续发展因素纳入其总体战略规划中，确保长期可持续性。**影响风险和机遇管理**：关注企业如何识别、评估和管理与可持续发展相关的风险和机遇，包括环境和社会因素。**指标和目标**：使用具体的指标来量化企业在可持续发展中的表现，并设置未来的目标以推动持续改进。四要素反映了通用指标的管理，这些指标是所有企业在ESG领域都应关注的关键点，如碳排放、水资源管理、劳工权益等。这些通用指标的设置确保了跨行业的可比性，便于不同企业间的横向对比，反映出企业的整体ESG表现。

另外，从A股可持续发展报告指引中，21个议题成为本评价体系的基本议题框架和来源。交易所发布的可持续发展报告指引是国内资本市场监管机构对上市公司ESG信息披露的基本要求。这些指引明确了企业在环境、社会和治理方面的披露内容和标准，帮助企业识别和报告其在ESG方面的绩效。参考这些指引可以确保指标体系与国内监管要求保持一致，增强其合法性和权威性。同时，遵循这些指引能够帮助企业提升透明度和信息披露质量，满足投资者和其他利益相关方的需求，提升企业在资本市场的形象和吸引力。同时，议题的选取结合财政部《企业可持续披露准则——基本准则（征求意见稿）》和国资委《央企控股上市公司 ESG 专项报告编制研究》，反映了政府对企业可持续发展的指导方向和监管要求。准则明确了央企控股上市公司在 ESG 领域应承担的责任和义务，特别是在信息披露和绩效管理方面。结合这些准则，可以确保指标体系符合国内最新的政策要求，帮助企业识别和优先处理在可持续发展中需要关注的重要议题。议题的选取考虑了投资者、消费者、合作伙伴、公众等多利益相关方的期望与诉求。通过涵盖各方关注的议题，确保农业企业在 ESG 管理外部性影响方面的透明度和责任感。

吸收国际可持续/ESG 发展的有益经验和反映最新趋势和实践。 为了确保体系的全球适用性和前瞻性，该指标体系还吸收了国际 ESG 发展的有益经验，特别是参考了国际财务报告可持续披露准则（ISSB 准则）《可持续发展会计准则》（SASB）、全球报告倡议组织（GRI）等国际准则和标准，特别是借鉴《可持续发展会计准则》（SASB）的相关农业行业的特征指标。

通用指标和行业特征指标相结合的评价体系不仅具备广泛的适用性，能够涵盖所有农业企业 ESG 表现，同时也提供了针对不同行业的精细化评估工具，有助于提升评估的准确性和实用性。为了提高评价体系的预警和风险防控能力，体系中还包括了负面事件指标。这些指标关注企业在环境污染、劳工纠纷、治理失误等负面事件方面的表现。引入负面事件指标有助于更全面地评估企业 ESG 风险管理能力，确保企业不仅在常规管理中表现良好，还能在危机管理中保持高水平的责任和透明度。

评价指标体系综合了国际和国内的主流 ESG 信息披露标准（表 3-1），国际准则提供了在全球范围内被广泛接受的 ESG 披露框架，国内的标准和指南反映了国内的监管要求和市场期望，特别是针对上市公司的信息披露需求。将这些国际和国内准则进行对标分析，以确保该指标体系具有全球一致性和本地适应性。帮助中国农业企业更好地融入国际 ESG 框架，提升国际竞争力。综合国际和国内准则和指引筛

表 3-1 农业企业可持续发展指标体系设计思路框架

指标类别	细分类别	细分类别对应指标的来源标准和指引	环境 核心议题	社会 核心议题	治理 核心议题	核心议题的来源
通用指标	治理	国际和国内的主流 ESG 信息披露标准				财政部《企业可持续披露准则——基本准则（征求意见稿）》、上海、深圳、北京证券交易所分别发布的可持续发展报告指引、国资委《央企控股上市公司 ESG 专项报告编制研究》等
	战略					
	影响、风险和机遇管理					
	指标和目标					
负面事件指标	负面事件	参考 ISO 26000 和其他与社会责任相关的标准				
行业特征指标	种植业	国际财务报告可持续披露准则（ISSB 准则）《可持续发展会计准则》（SASB）、全球报告倡议组织（GRI）等				
	林草业					
	畜牧业					
	渔业					
	农副产品加工业					
	生物安全业					
	农业服务业					

选的议题和指标反映了企业在经营活动中可能面临的重大风险和机遇，这些因素直接影响企业的可持续发展表现。将 ESG 评价从单纯的披露框架转为风险管理框架，能够更有效地帮助企业识别和管理 ESG 相关的风险和机遇。这种转变有助于企业更全面地理解 ESG 因素对其经营的影响，增强其风险管理能力，提高企业的整体韧性和可持续性。通过整合 ESG 风险管理与企业战略规划，企业可以更好地应对外部挑战，实现长期价值创造。

农业企业 ESG 发展评价指标体系旨在为企业提供一个清晰的框架和操作指南，帮助企业有效管理在环境、社会和治理方面的影响，提升其可持续发展能力和市场竞争力。该指标体系综合参考了国内外 ESG 信息披露和风险管理的最新标准和指引，确保符合监管要求的同时，也提升了企业的透明度和风险管理能力。通过将 ESG 因素融入企业战略规划，体系不仅支持企业识别和管理相关风险与机遇，还为实现长期价值创造和可持续发展提供了全面的支持。

3.2 评价指标构建思路

为推动我国农业企业深入理解、实施并披露各项可持续发展指标，有效评价农业企业 ESG 表现，课题组基于科学性、代表性、一致性、可比性、可得性等原则，综合党和国家及政府相关部门农业相关政策，三大交易所及央企等当前国内主流 ESG 信息披露标准，IFRS 1、IFRS 2、GRI、SASB 等当前国际主流 ESG 信息披露标准，结合农业企业 ESG 实践，构建 14 议题（TOPIC）—4 支柱（PILLAR）—7 行业（SECTOR）的上市农业企业 ESG 发展表现评价指标体系（TPS）（图 3-1）。

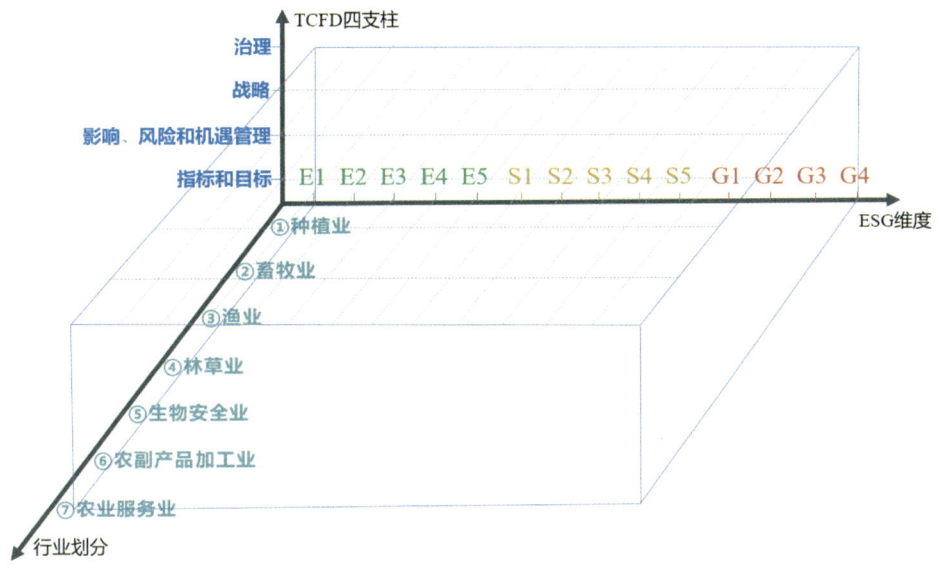

图 3-1 农业企业 ESG 表现 TPS 评价指标体系框架

14 议题覆盖了农业企业可持续发展所需考虑的环境、社会和治理（ESG）方面的关键因素，例如气候变化、污染防治、生物多样性和生态系统、资源利用和循环经济等。这些议题的选择反映了当前国内外对农业企业在可持续发展领域的主要关注点。

4 支柱框架基于财政部《企业可持续信息披露准则——基本准则（征求意见稿）》和中国证监会指导下，沪深北三个交易所发布的 A 股可持续发展报告指引中共同点治理、战略、影响、风险和机遇管理、指标和目标四个要素。这四个要素形成 ESG 评估提供了结构性支持。

7 行业包括种植业、林草业、畜牧业、渔业、农副产品加工业、生物安全业、农业服务业。每个细分行业都有其特定的环境和社会等方面的风险和机遇，这就需要制定有针对性的行业特征指标。

3.2.1 议题筛选

TPS 评价体系通过系统梳理财政部《企业可持续披露准则——基本准则（征求意见稿）》、中国证监会《上市公司自律监管指引——可持续发展报告（试行）》、国资委《央企控股上市公司 ESG 专项报告编制研究》等可持续信息披露要求，提炼总结当前我国企业重点需要关注的 26 项重要性议题（表 3-1）。

表 3-1　中国企业可持续信息披露重要性议题

	重要性议题	财政部	国资委	证监会
环境（E）	E.1 气候	气候	气候变化	应对气候变化
	E.2 污染	污染	污染防治	污染物排放
	E.3 水资源	水资源与海洋资源		水资源利用
	E.4 海洋资源	水资源与海洋资源		
	E.5 生物多样性与生态系统	生物多样性与生态系统	生物多样性	生态系统和生物多样性保护
	E.6 能源利用			能源利用
	E.7 资源利用	资源利用与循环经济	资源消耗	
	E.8 循环经济	资源利用与循环经济		循环经济
	E.9 环境合规管理			环境合规管理
	E.10 废弃物处理			废弃物处理
社会（S）	S.1 员工	员工	员工权益	
	S.2 消费者和终端用户权益保护	消费者和终端用户权益保护		
	S.3 社区资源和关系管理	社区资源和关系管理		
	S.4 客户关系管理	客户关系管理		
	S.5 供应商关系管理	供应商关系管理	供应链安全与管理	供应链安全
	S.6 乡村振兴	乡村振兴		乡村振兴
	S.7 创新驱动			创新驱动
	S.8 科技伦理			科技伦理
	S.9 社会贡献	社会贡献	社会贡献	社会贡献
	S.10 平等对待中小企业			平等对待中小企业
	S.11 产品和服务安全与质量			产品和服务安全与质量

（续表）

	重要性议题	财政部	国资委	证监会
社会（S）	S.12 数据安全与客户隐私保护			数据安全与客户隐私保护
治理（G）	G.1 反商业贿赂及反贪污	商业行为		反商业贿赂及反贪污
	G.2 反不正当竞争	商业行为		反不正当竞争
	G.3 尽职调查			尽职调查
	G.4 利益相关方沟通		投资者关系管理与股东权益	利益相关方沟通

考虑到农业行业的发展特性，TPS 评价体系从以上 26 个议题中进一步提炼总结与农业行业高度相关的 14 个议题，形成农业上市企业可持续发展核心二级议题，共包括 5 个环境议题、5 个社会议题和 4 个治理议题。在实际评价过程中，每个二级议题进一步细化至三级指标，共设计形成 158 个三级指标。具体筛选过程如下。

环境维度。直接采用三个文件中均提及的"气候""污染""生物多样性与生态系统"作为基础议题；将"水资源"和"海洋资源"合并为一个议题"水资源和海洋资源"；"能源利用""资源利用"和"循环经济"合并为一个议题"资源利用和循环经济"。不考虑较为细化且提及较少的"环境合规管理"和"废弃物处理"。经过提炼和优化，最终形成了 5 个环境二级议题：气候变化、污染防治、水资源和海洋资源、生物多样性和生态系统、资源利用和循环经济。

社会维度。直接采用财政部和国资委可持续信息披露要求文件中均提及的"员工"作为基础议题；并将与相同主体有关的"消费者和终端用户权益保护""客户关系管理""数据安全与客户隐私保护""产品和服务安全与质量"和"平等对待中小企业"合并为一个议题"消费者和最终用户"；将"社区资源和关系管理"和"社会贡献"合并为一个议题"社区资源和关系"；将"供应商关系管理"进一步优化为"供应链管理"；结合我国国情引入"乡村振兴"议题。由于农业的高新科技属性不强，未考虑"创新驱动"和"科技伦理"等创新类指标。经过提炼和优化，最终形成了5个社会二级议题：员工、社区资源和关系、消费者和最终用户、供应链管理、乡村振兴。

治理维度。根据《交易所上市公司自律监管指引》，采用"ESG治理机制、利益相关方沟通、反商业贿赂、反不正当竞争"4个议题。

3.2.1.1 环境议题

农业企业环境维度表现可分为如下5个二级议题：气候变化、污染防治、水资源和海洋资源、生物多样性和生态系统、资源利用和循环经济。

气候变化。在当前全球气候变化和环境挑战日益严峻的大背景下，我国提出了"双碳"目标。在此框架下，《"十四五"全国农业绿色发展规划》作为国家层面的重要指导文件，明确提出了农业企业在实现这一宏伟目标中的关键作用。规划强调，农业企业必须显著增强其减排固碳的能力，通过实施创新的绿色低碳技术，优化资源循环利用体系，调整和优化农业产业结构，以及提升农业生态系统的服务功能，从而有效降低主要农产品的温室气体排放强度。同时，规划还提出了提升农业用能效率的目标，以促进能源的节约和高效利用。这些具体措施的实施，旨在引导农业企业向更加环保、低碳和可持续的方向发展。通过这些努力，不仅可以减少农业活动对环境的影响，而且能够提高农业生产的质量和效率，增强农业应对气候变化的能力。最终，这些措施将为实现国家的"双碳"目标作出积极贡献，推动构建一个绿色、低碳、循环、可持续的农业发展新模式，为全球生态环境保护和应对气候变化贡献中国智慧和中国方案。此议题共包含"将气候变化或其他环境议题的纳入决策考虑的措施、方法""气候风险/机遇识别和评估""气候变化（碳）风险管理战略/计划""温室气体排放总量（范围1+范围2）"等19个三级通用指标，以及农副产品加工业的2个三级行业特征指标。

污染防治。2018年，农业农村部发布了《农业绿色发展技术导则（2018—2030年）》，旨在为农业企业在实现农业可持续发展和生态文明建设方面提供科学指导和行动指南。该导则明确指出，农业企业应采取一系列切实有效的措施，以减少农业投入品对环境造成的污染。这包括加强农业废弃物的处理，通过科技创新和政策支持，促进秸秆和畜禽粪污的资源化利用，从而有效治理农业面源污染，实现废弃物的减量化、无害化和资源化。同时，导则强调了发展绿色生产技术的重要性，鼓励农业企业采用节水灌溉技术，提高水资源的利用效率，减少农业生产过程中的水资源浪费。导则旨在确保农业能够在保护生态环境的同时实现可持续发展，为构建人与自然和谐共生的农业发展新格局奠定坚实基础。这不仅有助于提高农业生产的质量和效益，而且对于推动农业转型升级、促进农业绿色发展具有重要意义。此议题共包含"废弃物的产生及废弃物相关重大影响""预防环境风险的管理措施""一般废弃物回收利用量"等19个三级通用指标，以及种植业、林草业、畜牧业、农副产品加工业的4个三级行业特征指标。

水资源和海洋资源。在2021年8月23日，农业农村部、国家发展和改革委员会、科学技术部等相关部门联合发布了《"十四五"全国农业绿色发展规划》。该规划明确指出，农业企业在资源利用过程中，必须采取有效措施，显著提高水资源的利用效率。具体而言，规划强调了推广节水灌溉技术的重要性，并提倡通过优化灌溉制度来减少不必要的水资源浪费。这些措施不仅有助于保护和合理利用宝贵的水资源，而且对于推动农业可持续发展、提高农业生产效率和促进生态文明建设具有深远的意义。通过这些政策的实施，预期将促进农业产业的绿色转型，为实现国家长远的生态保护和农业发展目标奠定坚实的基础。水资源管理是所有农业企业的重要关注点，因为其有效利用直接关系到农业生产效率和可持续发展。海洋资源管理则主要影响渔业和沿海农业企业，因为这些企业依赖健康的海洋生态系统和良好的水质。渔业需要通过减少污染和保护生态系统来维持资源的可持续性，而农副产品加工业与海洋资源的关联较少。因此，水资源管理对整个农业行业普遍重要，而海洋资源管理主要适用于渔业等特定领域，这样的差异化策略有助于各行业优化资源使用，推动绿色转型。此议题共包含"对水资源的影响""水资源使用管理""排水管理""水资源使用强度""节水目标"5 个三级通用指标。

生物多样性和生态系统。2017 年 9 月 30 日，国务院办公厅印发了《关于创新体制机制推进农业绿色发展的意见》，并指出农业企业在推动绿色发展过程中应发挥主导作用。首先，农业企业需要加大科技投入，积极参与绿色农业技术的研发和推广，特别是在农业投入品减量、废弃物资源化利用和有害生物绿色防控等方面。其次，农业企业应加强与科研机构、高校和其他创新主体的合作，形成协同攻关机制，共同解决农业绿色发展中的技术难题。最后，农业企业需注重绿色品牌的培育和推广，通过建立绿色食品、有机农产品和地理标志农产品等品牌，提高产品的市场竞争力和附加值。此议题共包含"生产、服务和产品对生物多样性的影响""保护生物多样性政策或措施"2 个三级通用指标，以及种植业、林草业、畜牧业、渔业的 12 个三级行业特征指标。

资源利用和循环经济。《"十四五"循环经济发展规划》明确提出，到 2025 年，中国将全面推广循环型生产方式，提升资源综合利用能力，建立资源循环型产业体系。这一规划特别强调了在农业领域推广循环经济的重要性，包括农作物秸秆的综合利用、推进农业废弃物资源化以及优化农业生产过程中的资源使用效率。通过这些措施，旨在减少资源浪费、提高资源回收利用率，并促进农业生产的可持续发展，为构建绿色、低碳、循环发展的经济体系奠定坚实基础。此议题共包含"能源使用管理制度和措施""综合能源消耗强度"等 9 个三级通用指标，以及种植业、农副产品加工业的 7 个三级行业特征指标。

3.2.1.2　社会议题

农业企业社会维度表现可分为如下 5 个二级议题：员工、社区资源和关系、消费者和最终用户、供应链管理、乡村振兴。

员工。在农业企业中，员工被视为企业的重要组成部分。企业通过提供具有竞争力的薪酬和福利待遇，可以有效保障员工的生活质量并增强其忠诚度。建立健全安全生产管理体系，并定期进行安全培训，确保工作环境的安全与卫生，能够让员工安心工作。此外，企业还应积极开展职业技能培训，以此提升员工的专业素质和工作效率，激发其创造力。依据《中华人民共和国劳动法》和《中华人民共和国劳动合同法》的规定，企业必须依法保障员工的合法权益，构建和谐的劳动关系，进而实现企业的可持续发展。此议题共包含"监督管理机构的多元化""安全生产制度与措施""劳动合同及员工社保覆盖率"等 17 个三级通用指标，以及渔业的 1 个三级行业特征指标。

社区资源和关系。农业企业对社区发展的贡献主要体现在两个方面。一方面，通过直接的公益支出促进社区福利的提升，这包括资助教育、医疗、基础设施建设和文化活动等公益项目，以改善社区居民的生活条件和提升社区的整体福祉。另一方面，农业企业通过提供农业服务支持国家战略的实施，包括促进区域协调发展、推动农业经济的发展、支持农业技术创新和现代农业的发展等，这些举措有助于提升农业生产力和社区的经济活力。依据《中华人民共和国公益事业捐赠法》《乡村振兴战略规划（2018—2022年）》的相关规定，农业企业应当依法履行社会责任，按时缴纳税款，积极开展公益慈善活动，参与社区建设。通过这些举措，农业企业不仅能促进自身的长远发展，还能推动社区的可持续发展，构建和谐的社会环境，为实现国家乡村振兴战略目标作出积极贡献。此议题共包含"公益慈善、志愿服务等投入""基础设施投资和支持性服务""公益慈善、应急救援等方面的策略和计划""利益相关方沟通机制""志愿服务总时长"5个三级通用指标。

消费者和最终用户。消费者和最终用户对农业企业至关重要，他们的需求和反馈能够驱动市场需求的变化，促使企业调整生产和产品结构，进而提升品牌声誉并增加市场竞争力。通过积极收集和分析消费者的反馈，农业企业可以不断改进产品质量和服务水平，以更好地满足市场的多样化需求，确保所提供的产品和服务能够符合消费者期望，从而在市场上取得成功。此议题共包含"评估产品和服务类别的健康与安全影响""产品安全和质量管理制度""客户满意度"等9个三级通用指标，以及农副产品加工业的2个三级行业特征指标。

供应链管理。根据2017年12月1日实施的国家标准《绿色制造—制造企业绿色供应链管理导则》（GB/T 33635—2017），农业企业应当在采购和供应链管理中充分考虑环境影响，积极推动绿色采购，促进供应链的绿色化和可持续发展。为此，农业企业应当优先选择具备环保认证和社会责任认证的供应商，并严格审查供应商的环境和社会表现，确保其符合相关的环保和社会责任标准。此外，农业企业还应当定期对供应链进行评估和审计，以便及时识别潜在的环境和社会风险，并采取相应的风险防范措施，确保供应链的可持续性和稳定性。此议题共包含"供应链重大风险及影响""供应链环境和社会风险管理、目标、制度及实施计划""获得第三方环境或社会标准认证的产品原料百分比"等 9 个三级通用指标，以及渔业、农副产品加工业的 4 个三级行业特征指标。

乡村振兴。乡村振兴是实现共同富裕的必由之路。根据《中华人民共和国乡村振兴促进法》，国家鼓励和支持各类市场主体参与乡村振兴活动。此外，《关于打赢脱贫攻坚战三年行动的指导意见》提倡社会力量广泛参与脱贫攻坚工作，《中华人民共和国农业法》也鼓励企业履行社会责任，通过各种方式改善农村条件。因此，农业企业的积极参与不仅促进了自身的可持续发展，还积极响应了国家政策，推动了社会进步。例如，农业企业可以通过建立农业合作社和技术培训中心的方式，帮助贫困地区的农民掌握现代农业技术和管理知识，提高农业生产效率和产品质量，进而增加农民收入，帮助他们脱贫致富。此外，农业企业还可以通过推广绿色生产技术、提高农业废弃物资源化利用水平等方式，促进农业现代化和农村经济的发展，为实现乡村振兴战略目标贡献力量。这些举措不仅有助于提高农村地区的经济社会发展水平，还能够促进农业的可持续发展，为构建和谐社会作出贡献。此议题共包含"乡村振兴投入""结合乡村振兴机遇开展品牌建设和业务拓展" 2 个三级通用指标。

3.2.1.3 治理议题

农业企业治理维度表现可分为如下 4 个二级议题：ESG 治理机制、利益相关方沟通、反商业贿赂、反不正当竞争。

ESG 治理机制。包括但不限于"负责尽职调查的机构""负责尽职调查的人员""监督和管理绩效考核的机制""将可持续发展相关影响、风险和机遇纳入决策考虑的措施、方法"。具体情况如下：①**监督和管理影响、风险和机遇的机构**。机构在帮助农业企业系统评估和应对环境及经济风险方面发挥着重要作用，保障企业的稳定运行，减少法律和运营风险。通过优化内部控制和管理流程，机构提高了企业的运营效率和抗风险能力，确保企业能够在复杂的市场环境中稳健发展。此外，监督和管理机构增强了企业的透明度和公信力，促进了与利益相关方的信任关系，从而提升了企业的市场竞争力和品牌价值。通过这些举措，企业能够更好地吸引投资者和客户，为长期发展奠定坚实的基础。最后，机构推动企业在决策过程中纳入可持续发展因素，平衡经济利益与环境责任，促进企业的长期可持续发展。这不仅有助于保护自然资源和生态环境，还能够确保企业在未来的市场竞争中占据有利位置，实现经济效益与社会效益的双重提升。②**监督和管理影响、风险和机遇的人员的技能和资质**。具备专业技能和资质的管理人员是农业企业实现稳健发展和持续增长的关键驱动力。高素质的管理人员能够高效识别和评估环境与经济风险、优化资源配置、提升生产效率，从而有效降低运营成本。此外，他们能够制定和实施有效的风险管理策略，确保企业在面对市场波动和不确定性时具备更强的应对能力。同时，通过引入先进的管理方法和技术手段，推动企业创新和技术改进，进一步增强企业的竞争力，为企业的长期可持续发展奠定坚实的基础。③**监督和管理绩效考核的机制**。该机制提供了明确的绩效标准和反馈体系，有效激励员工提升工作效率和质量。通过实施有效的绩效考核机制，企业能够准确识别高绩效和低绩效区域，优化资源配置，推动目标的顺利达成。同时，该机制促进了员工的专业发展，提升了整体团队的能力，确保企业在激烈的市场竞争中保持竞争优势，并促进企业的可持续发展。④将可持续发展相关影响、风险和机遇纳入决策考虑的措施、方法。将可持续发展相关的影响、风险和机遇纳入决策考虑，显著增强了企业的适应能力和稳健发展。通过这些措施和方法，企业能够在战略规划中更全面地评估环境和社会因素，确保决策的长期可行性。这不仅使企业在实现经济目标的同时，履行了社会责任和环境保护义务，还能够更有效地管理资源，减少环境影响，提升运营效率和竞争力。此外，通过将可持续发展考虑纳入决策过程，企业能够更好地预见和应对潜在的风险，抓住新的市场机遇，推动创新和可持续增长。这有助于企业构建一个既能够创造经济价值，又能为社会和环境带来正面影响的可持续发展模式。此议题共包含"监督和管理影响、风险和机遇的机构""监督和管理影响、风险和机遇的人员的技能和资质""监督和管理绩效考核的机制""将可持续发展相关影响、风险和机遇纳入决策考虑的措施、方法"4个三级通用指标。

利益相关方沟通。该议题主要关注监督和管理信息报告的机制，该机制确保了企业内部信息的流畅传递，有助于及时识别和解决问题，优化决策过程。通过完善的信息报告机制，企业能够提升其响应速度和管理效率，有效减少运营风险。此外，该机制为企业战略规划提供了可靠的数据支持，推动了可持续发展和竞争力的提升，从而为企业的长期稳定发展奠定了坚实的基础。此议题共包含"监督和管理信息报告的机制"1个三级通用指标。

反商业贿赂。包括下列内容：①反商业贿赂及反贪污风险管理制度体系建立与运行情况、是否建立举报者保护政策。②对商业贿赂及贪污风险进行评估的情况。③接受反商业贿赂及反贪污培训的董事、管理层人员、员工总数和百分比。④发生的商业贿赂及贪污事件的具体情况，包括董事、管理层人员、员工由于商业贿赂或贪污行为而被解雇或受到处分、被有权部门调查、与业务合作伙伴的合同被终止或未续约以及针对公司或其董事、管理层人员、员工商业贿赂或贪污行为的诉讼案件具体情况（如有）。此议题共包含"反贿赂和反腐败制度""开展反贿赂及反腐败风险评估""员工道德培训""接受反贿赂反贪污培训的员工总数及占比"4个三级通用指标。

反不正当竞争。包括下列内容：①防范不正当竞争行为（如虚假宣传、实施垄断行为、侵犯商业秘密等）管理制度体系建立与运作情况及具体措施。②因公司不正当竞争行为导致诉讼或重大行政处罚的，应当披露具体诉讼情况、涉案金额、受到的行政处罚相关情况以及整改措施。此议题共包含"知识产权管理制度或体系""防范不正当竞争措施及运行情况""针对反竞争行为、反托拉斯和反垄断实践的法律诉讼"3个三级通用指标。

3.2.2 四支柱构建

本评价指标体系基于财政部《企业可持续信息披露准则——基本准则（征求意见稿）》和中国证监会指导下，沪深北三个交易所发布的A股可持续发展报告指引中共同点治理、战略、影响、风险和机遇管理、指标和目标四个要素作为支撑，进一步划分归类各通用三级指标，使可持续发展管理体系与企业管理层绩效考核紧密结合。四支柱的具体评价含义如下。

"**治理**"支柱可理解为主体用于监控和管理与可持续发展相关的影响、风险和机遇的治理流程、控制措施和程序。这意味着企业需要建立一套有效的治理机制，确保在最高决策层面上，可持续发展相关的问题得到足够的重视和妥善处理。这通常包括董事会和高级管理层的角色和职责，以及如何确保这些关键决策者具备必要的知识和技能来应对可持续发展所带来的挑战。此外，"治理"还涉及制定和实施相应的政策和流程，确保企业内部对可持续发展议题的充分关注。

"战略"支柱可理解为主体管理与可持续发展相关的影响、风险和机遇的方法。这要求企业不仅要将可持续发展因素全面纳入其长期规划和战略决策中，还需要通过情景分析等手段来评估不同情境下各类可持续发展议题对公司战略的潜在影响。这种方法不仅适用于气候变化，还应扩展到所有相关议题，包括社会责任、资源利用和治理等，以确保企业在面对各种挑战时能够灵活应对并保持战略优势。情景分析可以帮助企业识别潜在的机会和威胁，并据此调整其战略方向。此外，"战略"还涉及制定相应的适应和缓解措施，确保企业在面对气候变化时能够保持韧性和竞争力。

"影响、风险和机遇管理"支柱可理解为主体用于识别、评估、优先考虑和监控与可持续发展相关的影响、风险和机遇的流程。这意味着企业需要建立一套系统性的方法来评估其活动对环境的影响，同时识别潜在的可持续发展相关风险和机遇。这通常包括定期进行风险评估，将可持续发展相关的风险纳入公司的风险管理框架之中，并采取适当的措施来减轻这些风险。此外，企业还需要建立监控机制，以确保能够及时发现并应对新的风险和机遇。

"指标和目标"支柱可理解为主体与可持续发展相关的影响、风险和机遇有关的业绩，包括在实现其设定的或法律法规要求主体实现的目标方面取得的进展。这要求企业不仅需要设定具体的减排目标或其他与可持续发展相关的绩效目标，还需要定期报告这些目标的进展情况。这些指标可以是定量的，例如温室气体排放量的减少；也可以是定性的，例如可持续采购政策的执行情况。通过设定和追踪这些指标和目标，企业能够更好地衡量其在可持续发展方面的表现，并向投资者、客户及其他利益相关方展示其承诺和成果。

3.2.3 负面事件指标

负面事件指标是农业企业风险管理中的一项重要工具，它通过监测和分析企业在运营过程中出现的不利情况，揭示了可能对企业造成损害的潜在风险。该指标重点关注企业在环境、社会及治理维度的负面舆论及违法事件，不仅能够反映出企业在管理、生产、供应链等各个方面的薄弱环节，而且还能为企业决策者提供关键信息，帮助企业识别并改进其风险管理策略，减少未来类似事件的发生。通过这种方式，企业能够更加精准地制定和调整风险管理策略，增强对不确定性因素的应对能力，提高企业的整体运营效率和竞争力。

TPS 评价指标体系共制定了 18 个负面事件三级指标以全面评估农业企业可持续发展表现，涉及环境维度下的 2 个三级指标，社会维度下的 12 个三级指标，治理维度下的 4 个三级指标。其中，在环境维度下，包含污染防治议题下的 1 个三级指标、水资源和海洋资源议题下的 1 个三级指标；在社会维度下，包含员工议题下的 4 个三级指标、社区资源和关系议题下的 1 个三级指标、消费者和最终用户议题下的 5 个三级指标、供应链管理议题下的 2 个三级指标；在治理维度下，包含反商业贿赂议题下的 2 个三级指标、反不正当竞争议题下的 2 个三级指标。

3.2.4 行业特征指标

为了精准评估农业企业可持续发展的表现，TPS 评价指标体系针对除生物安全业、农业服务业外其余 5 个细分行业制定了一系列具有针对性的行业特征指标，特征指标主要借鉴《可持续发展会计准则》（SASB）的相关农业行业的特征指标。

种植业。重点关注对土壤健康以及生物多样性的影响，通过使用有机肥料和生物农药来保持土壤健康。设置了环境维度下的5个行业特征指标以评估农业企业表现。①减少农药影响。采用集成害虫管理（IPM）等策略，降低化学农药使用，减少对环境的危害，提升农产品安全性。②养分管理计划。合理管理养分，提升肥料利用率，减少氮磷流失，防止水体富营养化，维护土壤健康。③减少收获损耗。通过改进收获技术和储存条件，减少收获后损失，提高农产品供应量和资源利用效率。④虫害管理。实施虫害管理计划，减少化学杀虫剂依赖，利用生物和物理防治手段，维护农田生态平衡。⑤废旧农膜回收。提高废旧农膜回收率，减少塑料污染，保护土壤和水源，促进农业环境的可持续发展。

林草业。重点关注森林恢复和可持续管理的效果，通过实施可持续的林业管理、增加森林覆盖率来增强碳汇能力。设置了环境维度下3个行业特征指标以评估农业企业表现。①提高化肥利用率。提高主要农作物的化肥利用率，减少环境污染，提升产量和品质，促进农业可持续性。②优化林地生态服务。通过优化林地管理，增强森林的生态系统服务功能，如水土保持、生物多样性保护和碳汇作用，支持农业生产和生态环境。③第三方认证林地面积。获得第三方森林管理标准认证的林地面积，提升林地管理的可持续性和市场竞争力。

畜牧业。重点关注动物福利和抗生素使用情况，通过减少抗生素的使用，改善饲养环境来降低温室气体排放。设置了环境维度下的6个行业特征指标以评估农业企业表现。①畜禽粪污综合利用率。高效利用畜禽粪便，减少污染，将其转化为有机肥料或生物质能源，提高

资源利用率。②动物健康和福利管理。通过健康管理和福利标准，降低疾病率，提高生产性能，并增强公众对动物产品的信任；定期评估和审核动物健康和福利，确保养殖过程符合高标准，提升行业责任感和透明度。③动物处理政策。制定严格的动物产品加工、运输、饲养和屠宰政策，确保动物在各环节得到适当待遇，保证食品安全和质量。④牧场保护计划。实施保护性放牧计划，恢复草地生态，促进生物多样性，提升草产品质量。⑤封闭式饲养产量。通过优化封闭式饲养系统，提高动物蛋白产量、减少环境影响、保障生产效率和产品质量。

渔业。重点关注渔业资源的可持续性和对海洋生态的影响，通过推广可持续渔业实践，如设立海洋保护区和限制过度捕捞，以保护水生生态系统。设置5个渔业行业特征指标以全面评估农业企业表现，涉及环境维度下3个三级指标及社会维度下2个三级指标。①防止水生生物逃逸。通过有效管理，防止养殖水生生物逃逸，减少对野生种群的遗传污染，保护生物多样性。②栖息地保护与修复。保护和修复水生栖息地，恢复生态功能，为水生生物提供适宜的生存环境，支持可持续渔业。③受保护物种的监测。监测和保护世界自然保护联盟（IUCN）红色名录及国家保护名册的物种，维护生态平衡，防止物种濒危。④渔民工作条件。制定合理的工作和休息时间政策，减少渔民疲劳，提高安全性，保障工人权益。⑤打击非法捕捞。实施严格的政策和机制，打击非法捕鱼，保护渔业资源和海洋生态系统的可持续性。

农副产品加工业。重点关注资源循环利用和废弃物管理，通过减少食品浪费和提高能源效率，如使用可再生能源和回收废水，加强可持续管理。设置农副产品加工业13个行业特征指标以全面评估农业企业表现，涉及环境维度下8个三级指标及社会维度下5个三级指标。①气候变化风险评估。识别主要作物并评估气候变化对其生长周期、产量和品质的影响，帮助企业采取适应措施，抓住气候变化带来的机遇。②环保制冷剂使用。提高臭氧消耗潜力值为零的制冷剂的使用比例，减少环境破坏并提升企业的社会责任形象。③包装材料、食品垃圾管理。监控包装物总重量，提高回收或可再生材料的使用比例，增加可回收、可重复使用或可堆肥材料的比例；提高售出产品的可回收或可重复使用比例，减少废弃物，树立环保品牌形象；监测报废材料的回收情况，减少环境影响；制定策略减少包装材料的环境影响，增加可回收或可降解材料的使用，促进循环经济发展；监测厨余数量，减少不可回收的厨余比例，提升资源利用效率。④绿色认证。提升绿色、有机、地理标志农产品认证数量，增强市场竞争力和消费者信任。⑤供应链管理。制定策略应对气候变化对饲料采购和牲畜供应的影响，确保原材料的稳定供应；通过第三方认证，确保产品符合环境和社会可持续标准，提升市场份额。⑥关注消费者健康。采取措施促进无糖饮料的发展，满足健康饮食需求；识别并管理与消费者关注的营养和健康相关的产品和成分，提高市场竞争力。

3.2.5 评价指标体系构成

TPS 评价指标体系旨在全面评估企业在环境、社会及治理表现（表3-2）。该体系构建了一个三级指标框架，以确保对企业可持续发展能力进行多方位、多层次的评估。一级指标分为三大维度：环境、社会、治理，构成了可持续发展评价的基础。在此基础上，二级指标进一步细化，通过深入分析各维度内的关键因素，构建了 14 个可持续发展核心议题。此 14 个核心议题涵盖了环境维度下 5 个议题、社会维度下 5 个议题及治理维度下 4 个议题，为评价农业企业可持续（ESG）发展表现提供了具体的方向和框架。其中，环境议题包括气候变化，污染防治，水资源和海洋资源，生物多样性和生态系统，资源利用和循环经济方面。社会议题聚焦于员工，社区资源和关系，消费者和最终用户，供应链管理，乡村振兴方面。治理议题则涉及 ESG 治理机制，利益相关方沟通，反商业贿赂，反不正当竞争方面。为了更精确地衡量企业的可持续发展表现，三级指标在上述 14 个核心议题的基础上进一步细化，共包含了 158 个指标。这些指标详细覆盖了企业在环境、社会及治理方面的具体实践，为企业提供了一套完整的可持续发展评价体系，帮助企业识别自身的优势与不足，从而制定出更加有效的可持续发展战略。

表 3-2　TPS 评价指标体系

单位：个

指标类别	细分类别	环境 E1，E2，E3，E4，E5	社会 S1，S2，S3，S4，S5	治理 G1，G2，G3，G4	横向加总
通用指标	治理	5	3	5	13
	战略	9	6	0	15
	影响、风险和机遇管理	15	17	5	37
	指标和目标	25	16	2	43
负面事件指标	负面事件	2	12	4	18
行业特征指标	种植业	5	0	0	5
	林草业	3	0	0	3
	畜牧业	6	0	0	6
	渔业	3	2	0	5

（续表）

指标类别	细分类别	环境 E1, E2, E3, E4, E5	社会 S1, S2, S3, S4, S5	治理 G1, G2, G3, G4	横向加总
行业特征指标	农副产品加工业	8	5	0	13
	生物安全业	0	0	0	0
	农业服务业	0	0	0	0
纵向加总		81	61	16	158

三级指标根据类型可以进一步划分为三大类别：通用指标、负面事件指标、行业特征指标。这种分类方式旨在为企业提供一个全面且有针对性的评估框架，以确保可持续发展评价的准确性和适用性。

通用指标基于财政部《企业可持续信息披露准则——基本准则（征求意见稿）》和中国证监会指导下沪深北三个交易所发布的A股可持续发展报告指引中共同点治理、战略、影响风险和机遇管理、指标和目标四个要素为基础，进行归类，共计108个三级通用指标（18个负面事件指标和32个行业特征指标，不包括在四支柱中），其中包括环境维度54个三级指标、社会维度42个三级指标以及治理维度12个三级指标。这些指标旨在评估企业在环境、社会及治理方面的基本表现，确保其符合国际通行的可持续发展标准，帮助企业有效地管理与可持续发展相关的挑战并把握机遇。

负面事件指标重点关注企业在环境、社会及治理维度发生的负面舆论事件及违法行为，共设置了18个三级指标，分别涉及环境维度2个三级指标、社会维度12个三级指标、治理维度4个三级指标。这些负面事件指标有助于揭示企业在可持续发展实践中的潜在问题和风险点，促进企业采取积极措施加以改进。

行业特征指标是根据农业细分行业的不同风险敞口及特色数据丰富指标体系所设计，涵盖了种植业、林草业、畜牧业、渔业、农副产品加工业、生物安全业、农业服务业这七个特定领域。针对除生物安全业、农业服务业外其余 5 个细分行业制定了一系列具有针对性的行业特征指标，共涉及 32 个三级指标，其中包括环境维度 25 个三级指标和社会维度 7 个三级指标。这些行业特征指标反映了各行业特有的可持续发展挑战和机遇，旨在帮助企业更好地理解并应对各自领域的独特情况。

3.3 权重与赋分方法

农业企业 ESG 表现评价指标体系权重设置及指标赋分有以下几个步骤。

一是通过使用层次分析法（AHP），邀请来自政府机构、可持续发展、社会责任、环境、治理、ESG、农业等领域的 7 位权威专家，完成一级、二级指标重要性评价打分。

二是三级指标采用等权法确定权重，考虑到不同细分行业特征指标存在差异，按照三级指标的适用性进行权重的调整，如"防止和管理养殖水生生物逃逸的方法"属于渔业行业特征指标，对于其他细分行业该指标不适用，在计算三级指标的权重时进行剔除。将三级指标分为定量指标、定性指标两类。在 108 个通用指标中包含 29 个定量指标、79 个定性指标；32 个行业特征指标中包含 1 个定量指标、31 个定性指标；后续根据数据的可得性，逐步提高定量指标的数量和占比。其中，定量指标主要考虑不同企业之间的可比性，以百分比和强度指标为主，如"水资源使用强度"；百分比指标为 [0，1] 的百分数，如"女性员工比例"；同时包含对比指标和分层指标，对比指标指两年或多年数据的对比，如"较上一年度碳排放量变化"；分层指标多为绝对数值，与经营变量指标无关的指标，如"员工平均培训时长"。定性指标主要以二元指标为主，如"温室气体（碳）减排措施"。

三是根据企业公开披露报告、政府公开数据及其他公开渠道数据进行逐项赋分（每个指标得分标准化为 0~1 分）。

四是根据各指标权重，逐层加权计算可持续（ESG）各项分值。

3.4 评价结果划分

将样本农业企业 ESG 发展评价得分表现划分为以下 5 个阶段 10 个等级（表 3-3）。

表 3-3 农业 ESG 发展评价阶段和等级

阶段	等级	分数区间	描述
卓越	AAAAA	[0.9，1]	卓越阶段代表企业管理活动对经济、社会和环境产生的重要影响，及管理可持续风险和机遇对企业财务影响的能力处于行业最佳水平
	AAAA	[0.8，0.9）	
优秀	AAA	[0.7，0.8）	优秀阶段代表企业管理活动对经济、社会和环境产生的重要影响，及管理可持续风险和机遇对企业财务影响的能力处于行业较高水平
	AA	[0.6，0.7）	
进取	A	[0.5，0.6）	进取阶段代表企业管理活动对经济、社会和环境产生的重要影响，及管理可持续风险和机遇对企业财务影响的能力处于行业平均水平
	BBB	[0.4，0.5）	
发展	BB	[0.3，0.4）	发展阶段代表企业管理活动对经济、社会和环境产生的重要影响，及管理可持续风险和机遇对企业财务影响的能力处于行业一般水平
	B	[0.2，0.3）	

（续表）

阶段	等级	分数区间	描述
起步	CCC	[0.1，0.2)	起步阶段代表企业管理活动对经济、社会和环境产生的重要影响，及管理可持续风险和机遇对企业财务影响的能力处于行业较低水平
	CC	[0，0.1)	

3.5 样本说明

（1）时间范围

本次评价以样本农业企业 2023 年度报告中披露的 ESG 数据为主，事件类信息评价时间为 2023 年 1 月 1 日至 2024 年 5 月[①]。

（2）样本范围

选取 56 家发布 2023 年可持续发展报告（ESG 报告）的 A 股及港股中资农业上市公司（见附件 2）。样本公司在行业层面涉及 3 家种植业公司、4 家林草业公司、10 家畜牧业公司、4 家渔业公司、26 家农副产品加工业公司、4 家生物安全业公司及 5 家农业服务业公司。

（3）数据来源

评价数据主要来源于披露信息，包括发布的 ESG 报告、社会责任报告、可持续发展报告、年报等；外部数据源主要包括诚信数据、司法数据、舆情数据，其他公开资料和非政府组织以及国际国内同行的信息库等渠道。

---

① 本次评价的数据及算法服务由北京一标数字科技有限公司提供支持。

农业企业 ESG 发展表现

本章在对样本农业企业 ESG 实践表现评价的基础上,分析农业上市企业 ESG 整体发展情况。为便于分析和比较,将 56 家企业划分为种植业、林草业、畜牧业、渔业、农副产品加工业、生物安全业、农业服务业七个细分行业,进行分组分析。

4.1 行业整体发展水平

农业企业 ESG 发展实践正逐步深化,其 ESG 表现得分均值达到 0.52 分,标志着行业整体处于进取阶段,即中上等水平,能够较为有效地管理企业活动对经济、社会和环境产生的重要影响,且能管理可持续风险和机遇对企业造成重要的当期或预期财务影响。此得分分布近似正态分布,显示出"中间大、两头小"的态势,表明大多数企业 ESG 表现稳健,而少数企业则展现出卓越或亟待提升的态势(图 4-1)。

具体而言,大禹节水集团股份有限公司作为卓越代表,引领了农业企业 ESG 实践的最佳水平。同时,超过 1/3 的企业(35.71%)已进入优秀阶段，具备深化新型 ESG 风险评估与系统推进业务落地的坚实基础。进取阶段的企业（32.14%）虽已建立一定的 ESG 管理基础，但仍需强化治理与战略层面的顶层设计。发展阶段企业（26.79%）对 ESG 理念有所认知并尝试实践，但需加强系统规划与执行力度。至于起步阶段企业（3.57%），其 ESG 风险管理与机遇把握能力尚显不足，存在较大提升空间（图 4-1）。

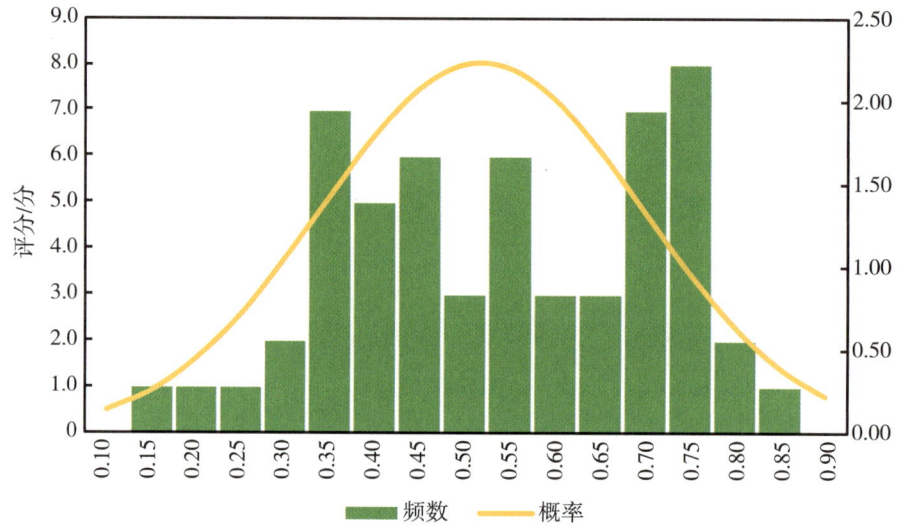

图 4-1 农业企业总体 ESG 评分分布

从 ESG 各维度分析，环境维度的平均得分最高（0.18 分），但企业间表现分化明显，最高分与最低分之间差距悬殊，反映了农业企业在绿色转型、资源高效利用及污染防控等方面的不均衡，强调了制定差异化策略、强化行业标杆效应的重要性。社会维度得分相对集中，但整体水平偏低，显示出农业企业在促进社区福祉、保障员工权益及确保食品安全等方面尚存不足。而治理维度表现最为分化（离散系数 0.63），高分企业展现了良好的治理结构与透明度，低分企业则暴露出治理短板，需引起重视（图 4-2）。

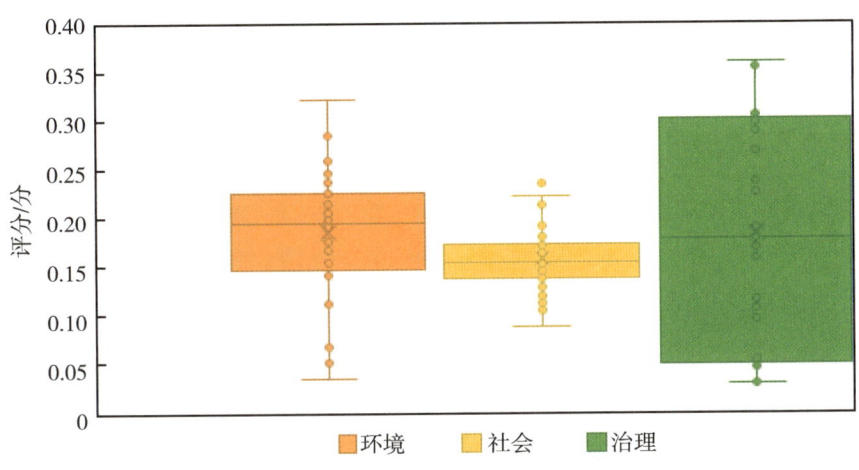

图 4-2　农业企业环境、社会、治理评分分布

4.2　种植业发展水平

种植业企业总体 ESG 发展表现亦处于进取阶段，得分均值 0.47 分，略滞后于农业企业的整体水平，但一定程度上受制于可获取已披露信息样本量较少的影响。种植业企业在实施 ESG 发展战略上的不均衡，行业内部分化程度也是较为明显，最高与最低得分间差距较大（379.94%），海南天然橡胶产业集团有限公司已率先迈入优秀行列，其 ESG 发展水平远超行业平均水平。具体来看，多数企业能够较好控制 ESG 风险并把握发展机遇，但仍有少数企业滞后于行业平均水平，显示出较大的提升空间。

在环境、社会和治理三维度上，企业得分分布都不均衡，尤其是治理维度分化最为明显，反映出种植业企业在实施可持续发展战略时面临的挑战与差异（图 4-3）。需要发挥优势企业的模范带头作用，带动其他行业企业提升应对 ESG 机遇和风险的能力，提高行业整体发展水平。

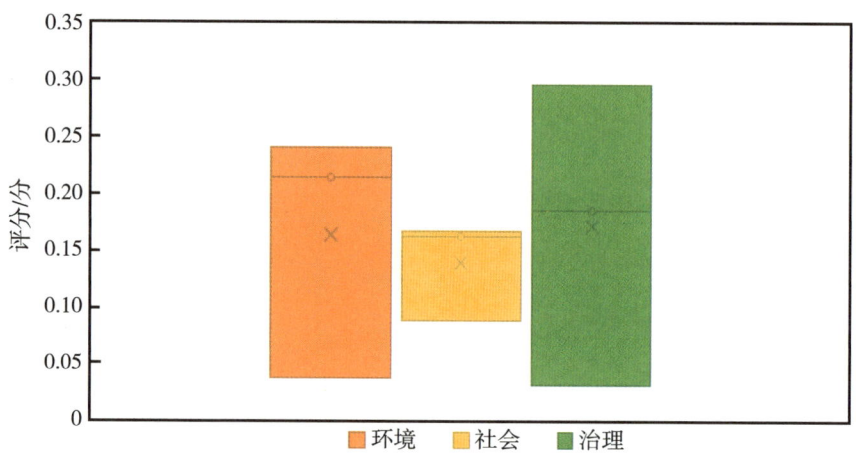

图 4-3　种植业企业环境、社会、治理评分分布

> **案例：海南橡胶推行乳清水、中水回用技术，不断提高水资源重复使用率**
>
> 　　海南橡胶公司坚持在橡胶初加工中推行乳清水、中水回用技术，不断提高水资源重复使用率，以减轻对自然水资源的压力。公司主要通过两种方式推行乳清水循环使用：在生产线凝固槽段安装一台可活动潜水泵，循环利用乳清水；在厂区污水沟前段建造一个乳清水暂存池，用水泵抽回凝固槽浮片，实现乳清水循环使用。公司开展中水回收再利用项目，致力于实现污水"零排放"。目前，公司已有4家橡胶初加工工厂实现污水"零排放"。例如，合盛农业西双版纳工厂通过中水"大循环"和"小循环"减少外界取水，污水处理后90%以上回收用于生产，符合国际客户的质量要求，且被评为"节水型企业"。2023年，海南橡胶使用循环水/再生水总量达1 184.18万吨。
>
> 　　案例来源：海南橡胶2023年度环境、社会及公司治理（ESG）报告

4.3 林草业发展水平

林草业 ESG 发展表现总体亦处于进取阶段,但其得分的均值仅为 0.44 分,行业整体水平有待提高。林草企业 ESG 发展水平内部分化明显,有两家处于发展阶段,福建省永安林业(集团)股份有限公司(简称永安林业)进入优秀阶段,另一家处于进取阶段。

林草企业在 ESG 发展评价三个维度的平均得分均较低,尤其是在环境和社会维度的提升空间很大。行业内企业在各维度均呈现显著的分化特征,其中治理维度最为突出,治理得分的离散系数高达 0.82(图 4-4)。永安林业在环境、社会和治理三个维度上,均取得了最高分,充分展现了其在 ESG 发展方面的领先地位。

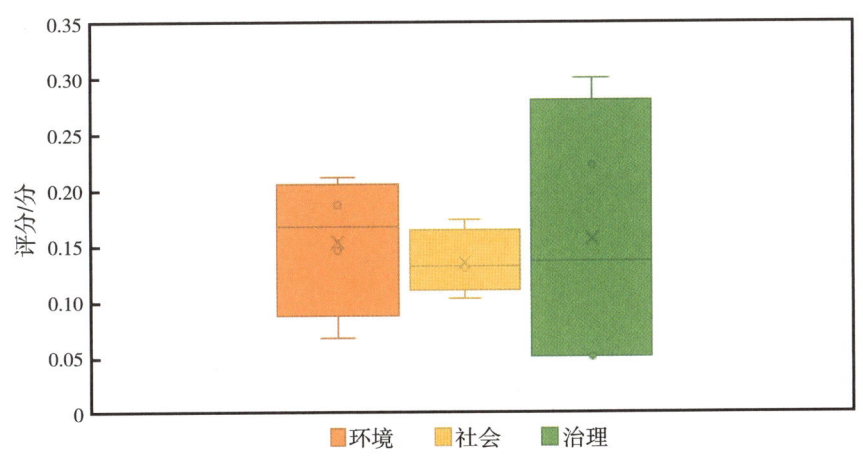

图 4-4 林草企业环境、社会、治理评分分布

> **案例:永安林业结合当地制定保护和修复作业规划,推进森林生态修复工程**
>
> 永安林业根据《中华人民共和国森林法》和《中华人民共和国自然保护区条例》,制定了《天然林保护和修复作业规划》,推进

森林生态修复工程。公司已完成 4 个修复项目，修复面积 130 亩（1 亩≈667 平方米），并建立了 1 877 亩绿化大苗基地，培育了 30.63 万株苗木，为美丽乡村和绿化工程提供优质苗木。

公司还建立了森林生态管护考核机制，利用无人机、卫星影像和数字化系统，实时掌握森林资源状况，全年抽检了 210 870 亩森林资源，占总面积的 24.9%。

此外，公司正在推进 2023—2025 年短期目标，计划在接近公顷的区域内开展生态修复项目，包括封山育林、退化林修复、森林抚育和生态功能弱化林改造等。

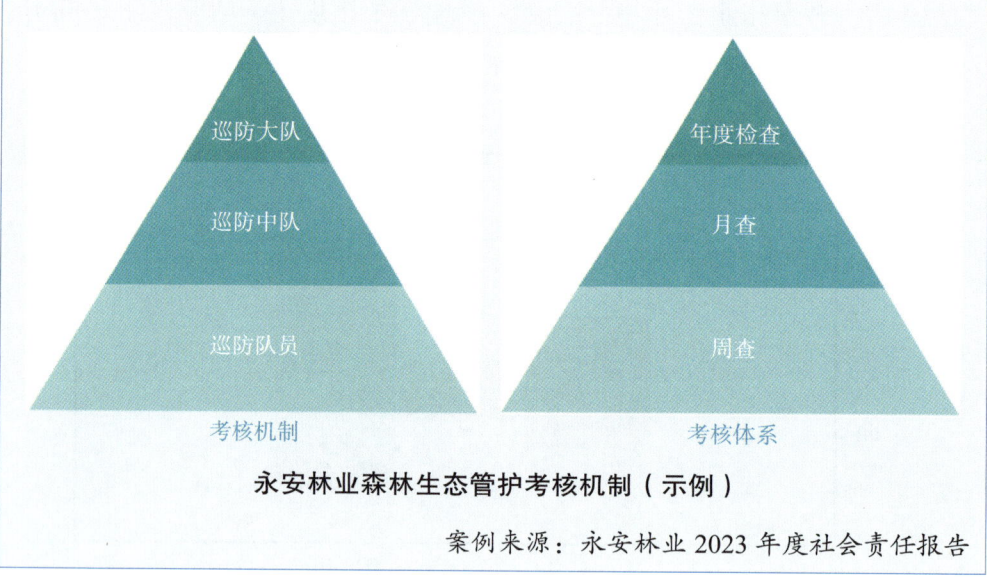

永安林业森林生态管护考核机制（示例）

案例来源：永安林业 2023 年度社会责任报告

4.4 畜牧业发展水平

在畜牧业企业的总体 ESG 发展评价中，行业正处于进取阶段，整体得分均值为 0.49 分，表明畜牧行业在 ESG 三大维度上均展现出一定的提升意愿与实践努力。然而，这一进步伴随着显著的内部差异，反映出不同企业在 ESG 管理能力上的不均衡发展。值得注意的是，中国圣牧、牧原股份、温氏股份及神农集团四家企业已率先迈入优秀行列，其 ESG 发展水平远超行业平均水平，特别是在环境与社会领域展现出卓越成效，其中，温氏股份在环境与社会方面均名列前茅。

治理维度作为 ESG 发展框架中的一个基石，其发展水平均值偏低（0.15 分），且离散系数较高（0.74），揭示了畜牧业企业在公司治理、透明度及风险管理等方面有所欠缺且存在显著差异。尽管中国圣牧以 0.36 分的治理得分脱颖而出，但最低治理得分仅为 0.04 分，凸显了行业在提升治理水平上的艰巨性（图 4-5）。

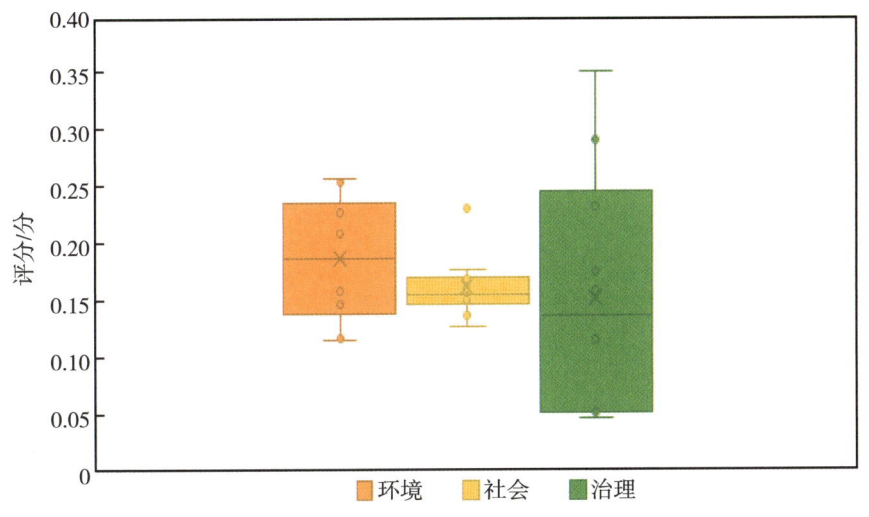

图 4-5　畜牧业企业环境、社会、治理评分分布

> **案例：牧原股份完善用水管理制度，监测各业务用水情况，制定节水目标**
>
> 　　牧原股份制定多个节约用水制度及用水监测制度，创新应用节水技术，加强用水监测，推进取用水精细化管理，降低用水风险。公司

运营管理部统筹用水管理工作，由公司高管主管，制定年度节水目标、计划和水绩效管理。下设水资源管理专项组，负责研发推广节水工艺和节水装备，制定各用水点位节水路径措施，组织用水管理培训赋能。公司围绕水足迹，分析水消耗路径，开展全业务链水资源管理，提高水资源利用效率，节约淡水资源。应用牧原物联网平台，实现水资源信息化管理。建立水资源风险评估体系，对养殖所在地水资源储量和水体质量进行全面评估，绘制水质地图、水风险图、实行分级分类管理。2023年，牧原股份在养殖业务的用水强度为2.25吨/头，屠宰业务的用水强度为0.37吨/头，饲料业务的用水强度为0.13吨/吨。并在2023年用水情况的基础上制定2024年各业务用水总量及强度的目标。

案例来源：牧原股份2023年度环境、社会及公司治理（ESG）报告

> **案例：温氏股份通过提升运输效率、应用保鲜技术降低供应链中食物损耗**
>
> 温氏股份应用黄羽肉鸡屠宰工艺及鲜品保鲜技术，大幅降低肉鸡屠宰次品率。筛选出影响货架期的关键因素/工序，并针对性制定技术规程，货架期延长至6天。研究生猪屠宰工艺及运输距离，通过车辆合法改装、运输车车厢温度控制，实现在夏季宰后热鲜猪肉运输距离提升至100千米。
>
> 案例来源：温氏股份2023年度社会责任报告

4.5 渔业发展水平

渔业企业在ESG发展评价中的总体表现同样处于进取阶段，平均得分为0.47分，高于林草企业但略逊于种植业企业。其内部表现分化

显著，最高得分相比最低得分高出 262.48%。具体而言，有两家企业，大湖股份和中水渔业已迈入 ESG 优秀行列，一家正处于发展阶段，而另一家的 ESG 实践则处于刚起步阶段。

渔业企业在 ESG 发展评价的各维度中展现出显著差异。环境维度得分偏低且离散度大，揭示出环保成效不均衡与加强环保监管的紧迫性；社会维度得分相对集中，但仍有提升空间，强调企业应继续深化社会责任实践；治理维度的表现出分化明显的情况，其离散系数高达 0.89，在农业各细分行业治理表现的分化情况中最为突出，治理维度最高与最低得分相差悬殊，凸显了优化公司治理结构对于 ESG 发展成效的关键作用（图 4-6）。

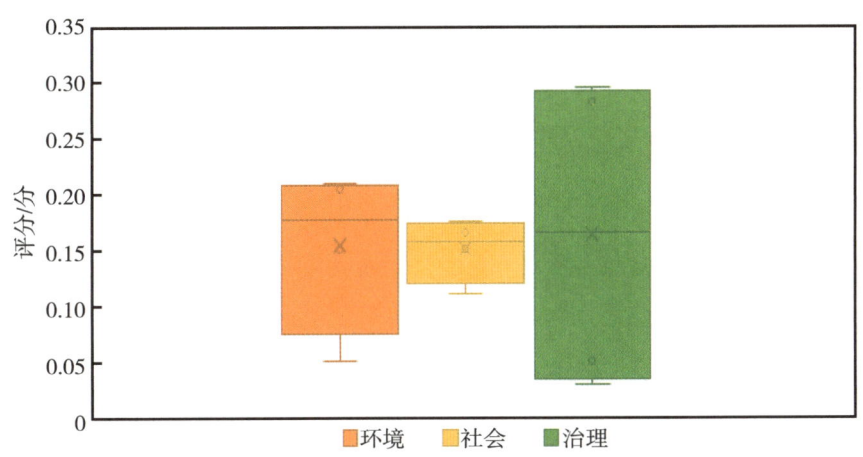

图 4-6　渔业企业环境、社会、治理评分分布

案例：大湖股份建立 ESG 管理架构，开展包括气候变化在内的可持续发展工作

大湖股份董事会从管理层、统筹部门以及各职能部门，全方位推进 ESG 工作的常态化管理。公司董事会负责监督、检查包括气候变化在内的可持续发展相关政策、措施及相关绩效目标。公司董事会

> 指定专职部门作为 ESG 工作统筹小组，负责统筹公司 ESG 策略及相关工作的推进。公司各职能部门组成跨部门的 ESG 执行小组，协助包括气候变化在内的可持续发展工作的开展。
>
> 案例来源：大湖股份 2023 年度环境、社会及治理报告

4.6　农副产品加工业发展水平

农副产品加工企业 ESG 发展水平总体展现出进取态势，与农业企业整体趋势一致，但企业间表现差异显著。26 家农副产品加工企业 ESG 表现得分跨越 3 个阶段，最高分相比最低分高 0.53 分，揭示了行业内部的多样性和不平衡性。益海嘉里金龙鱼食品集团股份有限公司（金龙鱼）作为行业标杆，其 ESG 发展表现达到优秀阶段，能够很好地管理企业活动对经济、社会和环境产生的重要影响，且能很好管理可持续风险和机遇对企业造成重要的当期或预期财务影响，引领整个行业向更高层次的可持续发展迈进。同时，7 家优秀企业的存在，包括双汇发展、大北农等，为行业树立了良好的实践典范，也带动了农副产品加工企业整体 ESG 水平的提升。

环境维度，农副产品加工企业平均得分 0.18 分，金龙鱼环境得分最高，中位数与之相近，但标准差与离散系数揭示出显著的分化现象，表明各企业在环保投入与成效上存在差异，需进一步加强环保政策的引导与监管。社会维度，企业平均得分 0.15 分，标准差较小，显示出农副产品加工企业在履行社会责任上的普遍努力，但仍有较大提升空间，尤其是在关注食品安全、员工福利等关键领域。治理维度作为该行业亮点，平均得分在三维度中最高（0.19 分），京粮控股治理得分最

高，治理维度分化最为明显，最高分是最低分的 8.23 倍，凸显了内部治理水平的差异性（图 4-7）。

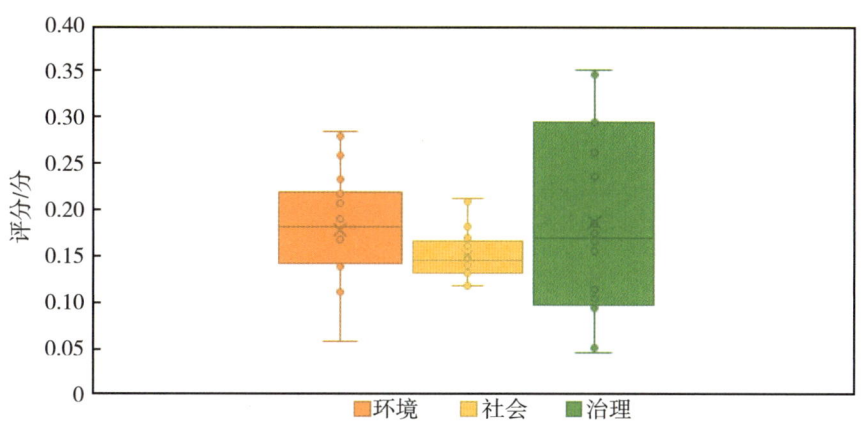

图 4-7　农副产品加工企业环境、社会、治理评分分布

> **案例：双汇发展开展技术升级、排水回用等项目，提升节水成效**
>
> 　　双汇发展通过技术改造、设备更换、排水回用等方式降低水资源消耗，实现全年共节约 90 万吨自来水用量。具体节水措施包括：
>
> 　　技术改造项目：应用杀菌温水电化学水处理降低化学需氧量（COD）减少自来水使用。2023 年在股份肉制品、陕西双汇、绵阳双汇、芜湖双汇、淮安双汇、南宁双汇等 16 家工厂推广实施，全年节水 32 万吨。
>
> 　　设备更换项目：在华懋双汇、肉业高温、郑州双汇等 22 家工厂滚揉锅、搅拌锅真空泵加装水流量计，节省设备抽真空用水，全年节水 29 万吨。在股份三车间杀菌锅的两侧加装箱体，通过减少锅内体积节约单锅用水量，全年节水 3 万吨。
>
> 　　蒸汽冷凝水、真空泵排水回收项目：在武汉双汇、唐山双汇、清远双汇、绵阳双汇等全国 16 家工厂推广实施蒸汽冷凝水、真空泵

排水、烫毛池排水等废水回收再利用项目，全年节水 26 万吨。

案例来源：双汇发展 2023 年社会责任报告

案例：金龙鱼通过工艺分析和同行对标，设立水资源管理目标并进行年度跟踪

金龙鱼严格执行集团发布的《水资源管理程序》，并在公司范围开展多样的水资源管理提升项目，以减少水资源耗用。通过取得水资源论证报告、取水许可证、水平衡测试报告以及统计用水量、组织节水宣传活动等方式推进公司的水资源管理体系建设。公司食用油精炼产线制定 2023 年水耗目标：较 2022 年，2023 年的水单耗下降 1%。公司 2023 年实际水单耗下降率为 1.5%，达成节水目标。

案例来源：金龙鱼 2023 年可持续发展报告

案例：大北农建立健全的合规风险管理体系

大北农公司制定《大北农诚信廉洁制度》，严禁员工利用职务之便，为个人或他人谋取私利，严禁以弄虚作假、谎报业绩等不正当方式谋取个人利益，规范员工的职业行为，树立廉洁自律、风清气正的工作氛围。公司承诺以高度的职业操守进行业务运营，遵循法律法规，建立健全反垄断、反不正当竞行为、反商业贿赂和反腐败在内的合规风险管理体系，确保合作伙伴和客户都能获得公平合理的对待。

案例来源：大北农 2023 年社会责任报告

4.7 生物安全业发展水平

生物安全业 ESG 发展得分均值为 0.61 分，略低于农业服务业，

总体表现处于优秀阶段，能够较好地管理企业活动对经济、社会和环境产生的重要影响，且能较好管理可持续风险和机遇对企业造成重要的当期或预期财务影响。生物安全业企业 ESG 发展表现存在一定的差异化，但与其他行业农业企业相比，标准差最小。在 4 家生物安全企业中，生物股份和瑞普生物两家处于优秀阶段；另外还有 2 家处于进取阶段。

生物安全企业在 ESG 发展的环境、社会及治理三大领域均表现突出，尤其是在治理维度，以平均 0.22 分的优异成绩领跑各农业行业，彰显了其在提升公司治理结构、增强风险管理及透明度方面的显著成效。值得一提的是，生物安全企业在治理方面的得分分布相对集中，离散系数 0.46，略高于环境与社会维度，但相较于其他行业，其治理得分的分化程度仍属最低，体现了行业内治理水平的普遍提升和均衡性。同时，环境与社会维度的均衡高分也反映出该行业在绿色运营和社会责任方面的积极贡献。这一全面向好的发展趋势，是生物安全企业积极响应全球可持续发展议程，通过持续创新与社会责任担当，不断推动行业转型升级和高质量发展的重要体现（图 4-8）。

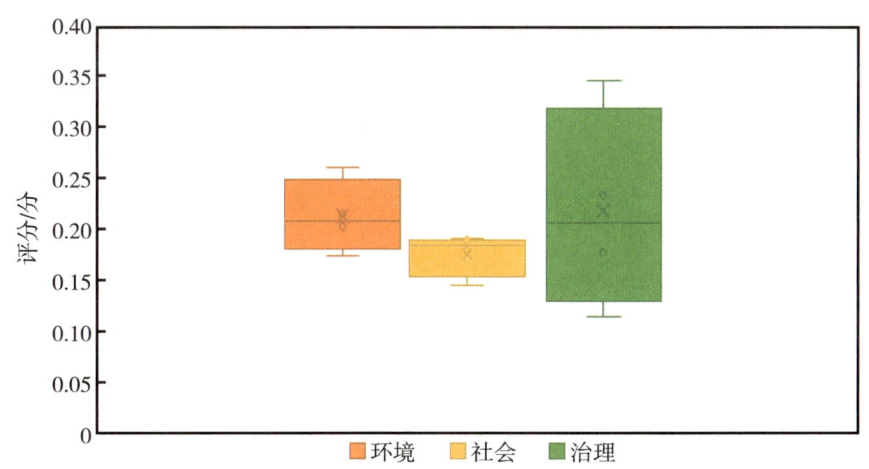

图 4-8　生物安全企业环境、社会、治理评分分布

> **案例：中国生物技术股份有限公司建立反腐败与反商业贿赂培训制度，加强员工廉洁意识**
>
> 中国生物技术股份有限公司持续完善审计与纪检监察体系建设，建立了反腐败与反商业贿赂的制度，恪守商业道德，严格遵守《中华人民共和国公司法》《中华人民共和国招标投标法》《中华人民共和国反不正当竞争法》等法律法规的规定，营造公开透明、公平竞争的商业环境。公司制定了《金宇生物技术股份有限公司反舞弊管理制度》，全体员工在入职阶段须学习《员工行为规范》以了解合规要求，并签署《反商业贿赂承诺书》，承诺从业期间杜绝廉政违规行为。人力资源部与各业务部门均制定培训计划，培训对象覆盖全体员工，对市场、销售及供应链部门员工进行加强培训，强化廉洁意识。
>
> 案例来源：中国生物技术股份有限公司2023年度可持续发展报告

4.8　农业服务业发展水平

农业服务业企业 ESG 发展总体水平已进入优秀阶段，得分均值高达 0.62 分，中位数为 0.70 分，表明大部分企业能够稳定地维持在较高水平的 ESG 实践，能够较好地管理企业活动对经济、社会和环境产生的重要影响，且能较好管理可持续风险和机遇对企业造成重要的当期或预期财务影响。具体到企业层面，大禹节水以 0.84 分的卓越得分脱颖而出。

农业服务业企业在 ESG 各领域均表现突出，特别是在环境维度上，平均得分 0.23 分，体现了其在提升农业生产可持续性和生态安全性方面的积极作为。治理维度仍是农业服务业企业内部差异最大的领域，治理得分的标准差为 0.15 分，离散系数高达 0.71，显示出企业在治理结构和管理水平上的显著差异。其中，"农产品"以 0.35 分的高分领跑，而最低分仅为 0.05 分，差距高达 7.26 倍，这要求企业在治理方面需进一步加大改革力度，缩小内部差距，实现更加均衡的发展（图 4-9，表 4-1）。

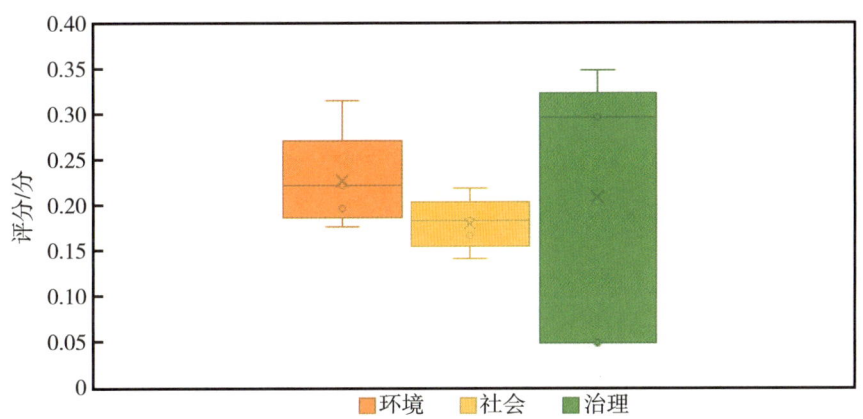

图 4-9　农业服务业企业环境、社会、治理评分分布

表 4-1　农业行业可持续（ESG）发展对比情况

行业类别	可持续发展现状
行业整体	农业企业 ESG 总体发展水平处于进取阶段，呈"中间大、两头小"的分布特征，且治理维度的表现分化程度最大
种植业	企业 ESG 总体发展水平处于进取阶段，内部分化程度大，各维度得分均呈现明显的"左偏"特征
林草业	企业 ESG 总体发展水平处于进取阶段，平均得分进步空间大
畜牧业	企业 ESG 总体发展水平处于进取阶段，同样伴随明显的内部差异，但社会得分分布相对集中
渔业	企业 ESG 总体发展水平处于进取阶段，内部分化程度较大

（续表）

行业类别	可持续发展现状
农副产品加工业	企业ESG总体发展水平处于进取阶段，分布跨越3个阶段，企业间表现差异显著
生物安全业	企业ESG总体发展水平处于优秀阶段，且与其他行业相比，内部差异性略小，治理得分的分化程度较低
农业服务业	企业ESG总体发展水平处于优秀阶段，1家企业ESG表现处于卓越阶段，各维度表现均较为突出

案例：大禹节水制定应对气候变化措施，提升对气候变化的适应能力

大禹节水从实体风险和转型风险两方面初步识别、分析气候变化带来的潜在风险，并为识别出的风险制定应对举措。

大禹节水将气候变化为自身业务带来的风险识别为实体风险和转型风险。其中，公司通过制定预案、提升基础设施的气候韧性、提升可再生能源使用率等方式应对实体风险；通过加强研发体系和科技成果转化体系建设、培养技术人才、坚持遵守气候相关信息披露并接受各利益相关方的监督等方式应对公司面临的转型风险。

案例来源：大禹节水2023年度环境、社会及公司治理（ESG）报告

4.9 农业企业ESG综合表现

通过对企业公开披露的信息进行评价，样本企业中有21家农业企业的ESG综合表现达到了优秀发展阶段（包括1家处于卓越阶段的企业），占所有被评估企业的37.5%。其中，农副产品加工业8家：金龙鱼、双汇发展、中粮科技、京粮控股、国投中鲁、中粮糖业、大北农、

新希望；农业服务业 3 家：大禹节水、深圳市农产品集团股份有限公司、农发种业；畜牧业 4 家：中国圣牧、温氏股份、神农集团、牧原股份；生物安全业 2 家：生物股份、瑞普生物；渔业 2 家：中水渔业、大湖股份；种植业（其他种植业）1 家：海南橡胶；林草业 1 家：永安林业。这些企业 ESG 综合表现达到了优秀发展阶段，体现了其在可持续发展领域的持续投入和较强的管理能力。这些企业在绿色生产、环保技术创新、员工权益保护、社区贡献等方面取得了显著进展，或在信息披露的透明度和治理结构的完善性上保持了领先地位。这些企业在各自的细分行业中设立了标杆，也展现了农业行业在可持续发展道路上的潜力。通过持续推动企业 ESG 战略及实施，为农业行业的健康发展作出贡献。

环境表现

本报告对农业企业环境议题表现的评价具体分为气候变化、污染防治、水资源和海洋资源、生物多样性和生态系统、资源利用和循环经济五个方面,各方面表现情况如图5-1所示。若使用通用指标评分,农业在水资源和海洋资源方面得分最高,在生物多样性和生态系统、资源利用和循环经济、污染防治和气候变化方面得分次之。若加入行业特征指标评分,农业环境议题整体表现有所下降,其中水资源和海洋资源方面的得分没有变化,气候变化、污染防治方面的得分小幅下降,资源利用和循环经济、生物多样性和生态系统方面的得分下降幅度较大。农业企业积极贯彻落实《"十四五"全国农业绿色发展规划》(农规发〔2021〕8号),注重农业绿色发展,在环境各方面采取了积极措施,取得了较好的表现;但农业企业应注重自身行业特性方面的绿色发展,进一步提升农业环境绿色发展表现。

5 环境表现

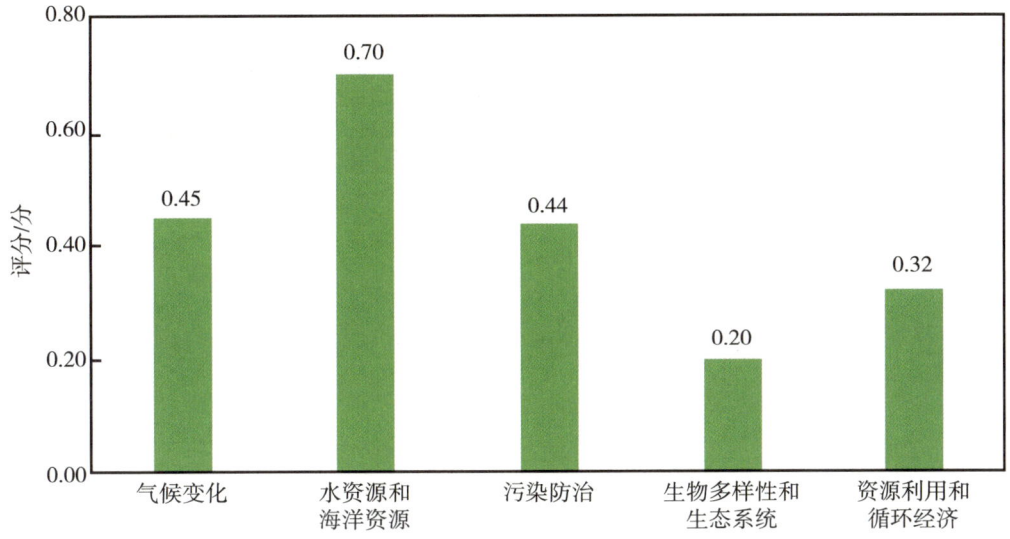

图 5-1　环境议题二级议题平均得分

5.1　气候变化

农业是影响气候变化的主要行业。气候变化议题旨在评估农业企业在降低温室气体排放、采用可持续耕作方法、改进土地管理实践以及实施气候适应性策略等方面的表现。评价发现，农业企业在气候变化议题的得分平均值为 0.46 分，最小值为 0.01 分，最大值为 0.84[①] 分。

进一步从细分行业分析农业企业气候变化议题表现（表 5-1），农业服务业平均得分最高，为 0.55 分，表明农业服务业的大多数企业都有较好的气候变化应对措施。尤其是在"气候风险/机遇识别和评估""气候变化应对策略"方面，所有农业服务业企业均进行了相关指标披露，披露率达 100%。

---

① 若无特殊说明，指标得分均为纳入行业特征指标后的得分。

表 5-1　细分行业气候变化评分描述性统计

细分行业	样本量/个	评分/分				
		最小值	最大值	平均值	标准差	中位数
农副产品加工	26	0.06	0.74	0.45	0.18	0.45
畜牧业	10	0.26	0.76	0.49	0.17	0.46
农业服务业	5	0.36	0.84	**0.55**	0.20	0.56
林草业	4	0.16	0.67	0.37	0.23	0.32
渔业	4	0.06	0.60	0.37	0.24	0.41
生物安全业	4	0.31	0.61	0.51	**0.14**	0.56
种植业	3	0.01	0.66	0.39	**0.34**	0.50

种植业企业得分标准差最高（0.34），生物安全行业的标准差最低（0.14），表明种植业企业在气候变化应对措施的实施上存在较大差异，这主要与企业的种植规模、作物类型、地理位置和策略选择等因素相关。相对而言，生物安全行业企业在气候变化方面表现出较高的一致性。

从指标披露情况来看，气候变化议题下设 19 个三级通用指标，部分指标的披露率如表 5-2 所示。其中，气候变化风险管理（降低温室气体排放）目标，温室气体（碳）减排措施，气候变化（碳）风险管理战略/计划，气候变化应对策略，减少碳排放的新技术、新产品、新服务以及相关研发进展，气候风险/机遇识别和评估 6 个指标的披露率达到 80% 及以上；披露率在 50% 至 80% 的指标为 3 个；披露率在 20% 至 50% 的指标为 5 个；参与碳排放权交易情况，温室气体排放量所依据的标准、方法、假设或计算工具，气候变化带来的财务影响，绿色低碳企业认证，关于管理范围—排放的长期和短期策略或计划、减排目标的绩效分析 5 个指标的披露率不足 15%。

表 5-2　气候变化下设三级通用指标披露率统计（部分）

指标名称	披露率/%
气候变化风险管理（降低温室气体排放）目标	90.00
温室气体（碳）减排措施	88.33
气候变化（碳）风险管理战略/计划	88.33
气候变化应对策略	88.33
减少碳排放的新技术、新产品、新服务以及相关研发进展	85.00
气候风险/机遇识别和评估	80.00

从气候变化管理的绩效结果来看，2023 年发布 ESG/可持续发展报告的农业企业中，有 19 家披露温室气体排放总量（范围 1+范围 2），已披露企业平均排放量为 122.62 万吨，平均单位营业收入温室气体排放量为 0.37 吨/万元。大禹节水作为气候变化方面表现最优异的企业，2023 年温室气体排放总量为 1.21 万吨，单位营业收入温室气体排放量为 0.04 吨/万元，较上一年度碳排放量下降 8.92%（表 5-3）。

表 5-3　已披露企业 2023 年温室气体排放情况（部分）

企业名称	温室气体排放总量（范围 1+范围 2）/吨	单位营业收入温室气体排放量/（吨/万元）
京粮控股	4 600	0.00
统一股份	3 489	0.02
大禹节水	12 127	0.04
京基智农	66 236	0.05
海南橡胶	174 063	0.05
中木国际	1 794	0.06
大湖股份	9 825	0.08

案例：农发种业将气候变化融入企业战略规划，提升风险管理水平

农发种业充分考虑异常气候、自然灾害发生对种子生产的影响。在统筹规划中完善种子质量管控体系，优化品种结构，合理规划基地分布，加强基地基础设施建设，提高抗灾害能力。在风险管理体系中融入对种子示范推广、种子生产的产量和质量、加工进度和成品质量、运输和服务等不同环节气候变化造成的影响分析。在企业生产及日常运营中推动清洁生产与节能减排工作。

案例来源：农发种业2023年度环境、社会和公司治理（ESG）报告

案例：甘源食品将环境管理融入公司绩效考核及奖励机制

甘源食品设有完善的环境管理机构，负责相关制度的建设、实施、考核及奖励工作。公司基于行业发展规划及自身运营战略，持续修订年度环境保护目标，完善环保工作方针，并积极开展覆盖全公司范围内的管理风险系统排查，推进落实环保目标责任制和考核机制，有效提升公司环境管理的全局性和统一性。

案例来源：甘源食品2023年社会责任报告

案例：中木国际从实体风险和转型风险两个方面识别面临的气候变化风险

中木国际面临的实体风险为极端天气事件（如极端寒冷或酷热、风暴、暴雨及台风）的频率及严重程度增加，可能导致电力短缺、中断营运链及损害本集团资产的风险增加。转型风险包括气候变化导致的监管、技术及市场格局的变化（包括收紧国家政策及上市规则）。

案例来源：中木国际2023年环境、社会及管治报告

5.2 污染防治

污染防治是评价农业环境绿色发展的重要指标之一。污染防治议题通过分析企业的废弃物管理、污染物排放控制、环境管理体系以及环境教育与培训等方面的披露情况来评估农业企业对环境污染的综合管理能力和成效。评价发现，农业企业在污染防治议题得分平均值为0.45分，最小值为0.14分，最大值为0.7分。

进一步细分行业分析农业企业污染防治议题表现（表5-4），农业服务业的最大得分最高，达0.7分，这表明农业服务业企业在污染防治方面治理表现较好，具有相对完善的环境污染综合管理能力。另外，所有农业服务业企业均对4个相关指标进行了披露，分别为一般废弃物管理制度和措施、危险废弃物管理制度和措施、环境管理体系认证和预防环境风险的管理措施，披露率达100%。

种植业企业得分标准差最高（0.25），生物安全行业的得分标准差最低（0.05），这些反映出生物安全行业在污染防治方面具有较强的规范性和自律性，企业之间在污染防治方面均采取了积极的应对措施，并取得了显著成效；而种植业企业因受种植模式、环境限制等影响，制定污染防治方案需因地制宜、因时制宜，污染防治措施的实施方面有诸多不同之处。

表5-4 细分行业污染防治评分描述性统计

细分行业	样本量/个	评分/分				
		最小值	最大值	平均值	标准差	中位数
农副产品加工业	26	0.30	0.69	0.45	0.12	0.44
畜牧业	10	0.33	0.64	0.48	0.10	0.50
农业服务业	5	0.35	**0.70**	**0.50**	0.13	0.45
林草业	4	0.19	0.47	0.37	0.12	0.40
渔业	4	0.25	0.54	0.38	0.12	0.36

（续表）

细分行业	样本量/个	评分/分				
		最小值	最大值	平均值	标准差	中位数
生物安全	4	0.42	0.55	0.49	0.05	0.49
种植业	3	0.14	0.60	0.42	0.25	0.52

从指标披露情况来看，污染防治议题下设 19 个三级通用指标，部分指标的披露率如表 5-5 所示。其中，一般废弃物管理制度和措施，环境管理体系认证，预防环境风险的管理措施以及危险废弃物管理制度和措施 4 个指标的披露率达到 80% 及以上；披露率在 50% ~ 80% 的指标为 3 个；披露率在 20% ~ 50% 的指标为 8 个；为工作者提供的关于虫害管理和农药施用的培训，一般废弃物回收利用量，产生的动物垃圾和粪便的数量，3 个指标的披露率不足 15%，另有 1 个指标披露率在 15% ~ 20%。

表 5-5　污染防治下设三级通用指标披露率统计（部分）

指标名称	披露率/%
一般废弃物管理制度和措施	93.33
环境管理体系认证	91.67
预防环境风险的管理措施	90.00
危险废弃物管理制度和措施	80.00

从污染防治管理的绩效结果来看，2023 年发布 ESG/可持续发展报告的农业企业中有 19 家披露一般废弃物排放总量，部分企业排放情况如表 5-6 所示。已披露企业平均排放量为 31.79 万吨，平均单位营业收入一般废弃物排放量为 0.14 吨/万元。大禹节水作为污染防治方面表现优异的企业，2023 年一般废弃物排放总量为 130.52 吨，单位营业收入一般废弃物排放量为 0.000 4 吨/万元，较上一年度一般固体废弃物减排量达 12.6%。

表 5-6　已披露信息企业一般废弃物排放情况（部分）

企业名称	一般废弃物排放总量 / 吨	单位营业收入一般废弃物排放量 /（吨 / 万元）
大禹节水	130.52	0.000 4
春雪食品	5 298.00	0.02
大湖股份	4 030.22	0.03
温氏股份	1 192 225.00	0.13
双汇发展	1 446 163.10	0.24
国投中鲁	105 400.00	0.71
永安林业	65 970.00	0.95

案例：绿康生化积极采取污染防治措施，处理废弃物的产生及废弃物相关重大影响

绿康生化南浦厂区和浦潭厂区设有专业污水处理系统，污水经预处理后排放至城市污水处理厂深度处理。排放口和废气排放口均安装在线监控设备，由第三方运营，确保COD、氨氮、pH等指标达标排放。废气统一收集处理后排放，危险固废库气体也经过处理后达标排放。

此外，福建浦潭热能有限公司的锅炉烟气经过脱硝、除尘处理后达标排放，废水则由绿康生化浦潭厂区污水处理站处理后排放至工业园区污水处理厂。

案例来源：绿康生化2023年社会责任报告

案例：春雪食品积极减少原材料中有毒有害物质成分

春雪食品与客户及第三方机构合作，严格管控肉鸡养殖中的药品使用，逐步减少并停止使用抗菌药物，致力于实现"无抗生素养殖"。公司持续监控畜禽产品的兽药残留和细菌耐药性，并开展

> 抗生素替代研究，利用酸化剂和微生态制剂减少抗生素使用。同时，优化饲料和饮水环境，提升动物抵抗力。报告期内，公司新增大肠杆菌、沙门菌和产气荚膜梭状芽孢杆菌三种噬菌体作为替抗产品，进一步降低抗生素使用比例。
>
> 案例来源：春雪食品2023年度环境、社会及公司治理报告

> **案例：洽洽食品成立无废工厂，有效降低固废**
>
> 2023年，洽洽食品正式成立了无废工厂组织。在固废管理方面，公司始终坚持从源头上进行严格把控，采用环保可回收材质的包装箱，大力推行循环利用制度，有效降低了固废的产生量。同时，公司严格按照固废管理要求，实施全流程式的监控与登记，确保固废从产生到入库，再到出库委托外部处置的每一个环节都得到有效管理。
>
> 案例来源：洽洽食品2023年社会责任报告

5.3 水资源和海洋资源

水资源和海洋资源在评价农业环境绿色发展中扮演着重要角色。分析水资源和海洋资源的使用情况、管理情况以及目标来评估农业企业在水资源和海洋资源方面的整体表现。评估发现，农业企业在水资源和海洋资源议题的平均得分为0.7分，最小值为0.18分，最大值为1分。

进一步细分行业以分析农业企业水资源和海洋资源议题表现（表5-7），平均得分最高的行业为生物安全业（0.83分），说明生物安全业企业普遍重视水资源和海洋资源的保护，并采取了积极的措施来减少

对水资源和海洋资源的负面影响。尤其是在"排水管理"关于排水管理风险的描述和关于减轻风险的策略和实践活动的讨论。例如，制定废水管理制度和措施方面，所有生物安全业企业均对相关指标进行了披露，披露率达100%。

表 5-7 细分行业水资源和海洋资源评分描述性统计

细分行业	样本量/个	评分/分				
		最小值	最大值	平均值	标准差	中位数
农副产品加工业	26	0.18	1.00	0.71	0.24	0.72
畜牧业	10	0.18	0.88	0.67	0.27	0.77
农业服务业	5	0.68	0.95	0.77	0.12	0.68
林草业	4	0.18	0.92	0.65	0.33	0.76
渔业	4	0.18	0.85	0.62	0.30	0.72
生物安全业	4	0.68	0.92	**0.83**	**0.10**	0.85
种植业	3	0.18	0.92	0.65	**0.41**	0.85

种植业企业得分标准差最高（0.41），生物安全业的得分标准差最低（0.1），并结合平均得分可知生物安全行业企业的水资源和海洋资源保护与管理均处于较高水平，而种植业企业在水资源使用管理、排水管理、节水措施、参与用水权交易市场情况等方面的发展水平存在较大差异。

从指标披露情况来看，水资源和海洋资源议题下设5个三级通用指标，部分指标的披露率如表5-8所示。其中，排水管理，水资源使用管理2个指标的披露率达到了80%及以上，节水目标指标披露率接近80%，对水资源的影响和水资源使用强度2个指标的披露率不足50%。

表 5-8　水资源和海洋资源下设三级通用指标披露率统计（部分）

指标名称	披露率 /%
排水管理（关于排水管理风险的描述和关于减轻风险的策略和实践活动的讨论。例如，制定废水管理制度和措施）	86.67
水资源使用管理（关于水资源管理风险的描述和关于减轻风险的策略和实践活动的讨论。例如，对于节水目标或措施的描述）	80.00
节水目标	78.33
对水资源的影响	45.00
水资源使用强度	36.67

从水资源和海洋资源使用的情况来看，2023 年发布 ESG/ 可持续发展报告的农业企业中，有 22 家企业披露水资源消耗量，部分企业消耗情况如表 5-9 所示。已披露企业平均水资源消耗量为 740.83 万吨，平均水资源使用强度为 3.32 吨 / 万元。"光明肉业"作为水资源和海洋资源使用方面表现优异的企业，其 2023 年水资源消耗量为 59.22 万吨，水资源使用强度为 0.26 吨 / 万元。

表 5-9　已披露信息企业水资源消耗和使用情况（部分）

企业名称	水资源消耗量 / 吨	水资源使用强度 /（吨 / 万元）
中木国际	3	0.00
光明肉业	592 212	0.26
甘源食品	354 653	1.92
瑞普生物	662 312	2.94
劲仔食品	695 984	3.37
双汇发展	25 300 000	4.21
安德利	599 127	6.84
中粮科技	20 901 100	10.26

案例：新希望高度重视用水管理，建立科学合理的用水管理制度和机制

新希望根据当年各产业用水情况制定下一年度用水计划与节水目标。在用水风险管理方面，加强对水源地的保护和管理，建立水资源监测网络，实时监测水源地水质变化，及时发现并应对水源地污染风险。在经营生产过程中，建立用水数据系统和用水标准，超出用水定额标准自动推送预警提示，并通过月度分析和排名，对超标项目进行处罚，持续优化用水管理，同时加强日常巡检，杜绝跑、冒、滴、漏现象，持续优化存在外溢浪费可能的环节，降低水资源浪费风险。积极探索中水再利用、粪肥还田等循环用水举措降低新鲜水消耗，如饲料产业除尘用水经处理后循环用于厂区除尘、猪产业处理后的中水与发酵后的粪肥用于场外大田作物种植。

案例来源：新希望2023年社会责任报告

案例：中粮糖业加大节水改造力度，推进工艺节水、冷却水回收、创新灌溉模式等技术措施

中粮糖业细化节水管理方针，在不同的业务部门采取针对性节水措施。公司在甘蔗糖部近三年投入393万元用于优化工厂用水系统，对工厂循环用水系统进行改造，其中梁河糖业的单位产品新鲜水耗由3.3吨下降至1.32吨。公司在甜菜糖部改进农业栽培模式，推广双带节水灌溉技术，减少甜菜种植用水。炼糖部通过技术改造，将砂碳滤反吸水用于凉水塔补充，年节约用水1.2万吨，满足制糖行业清洁生产水平评价一级标准要求。

案例来源：中粮糖业2023年度环境、社会及治理（ESG）报告

> **案例：仙坛股份加强水污染物的规范处理**
>
> 仙坛股份采用先进的污水处理技术，结合物化＋生化＋深度处理工艺或高效气浮＋A/O工艺，确保生产污水得到有效处理。公司在污水处理过程中安装了在线监测设备，实时监控关键指标，以确保污水处理后的水质符合国家排放标准。处理达标的污水随后排入城市污水管网，经过城市污水处理厂进一步深度处理，确保对环境的影响降至最低。这一系统性、综合性的污水处理措施展现了仙坛股份在环境保护和可持续发展方面的坚定承诺。
>
> 案例来源：仙坛股份2023年度社会责任报告

5.4 生物多样性和生态系统

农业作为与自然生态系统紧密相连的行业，对生物多样性与生态环境的保护与恢复具有深远影响。生物多样性与生态系统议题聚焦评估农业企业在促进生物多样性保护、实施生态平衡耕作、优化资源利用以及推动生态系统服务功能恢复等方面的努力与成效。评价发现，农业企业在生物多样性与生态系统议题的得分平均值为0.46分，最小值为0分，最大值为1分。

进一步从细分行业分析农业企业生物多样性和生态系统议题表现（表5-10）发现，农业服务业平均得分最高，为0.7分，表明农业服务业的大多数企业都采取了较好的生态环境管制措施，在保护生物多样性和生态系统方面发挥了积极作用。同时，农业服务业在该议题下披露最完善的指标是保护生物多样性政策或措施（物种保护、基因保护和生态系统保护），披露率达到100%。

另外，种植业企业得分标准差最高（0.38），表明这些企业在生物多样性与生态系统应对措施的实施上存在较大差异；林草行业的标准差最低（0.12），说明该行业企业在保护生物多样性和生态系统方面的贡献度差异较小。

表 5-10　细分行业生物多样性和生态系统评分描述性统计

细分行业	样本量/个	评分/分				
		最小值	最大值	平均值	标准差	中位数
农副产品加工业	26	0.00	1.00	0.48	0.26	0.50
畜牧业	10	0.14	0.71	0.31	0.20	0.29
农业服务业	5	0.50	1.00	**0.70**	0.27	0.50
林草业	4	0.25	0.50	0.31	**0.12**	0.25
渔业	4	0.00	0.60	0.35	0.25	0.40
生物安全业	4	0.50	1.00	0.62	0.25	0.50
种植业	3	0.00	0.75	0.42	**0.38**	0.50

从指标披露情况来看，生物多样性和生态系统议题下设 2 个三级通用指标，各指标的披露率如表 5-11 所示。其中，保护生物多样性政策或措施披露率达到 80% 以上；而生产、服务和产品对生物多样性的影响披露率仅有 25%。

表 5-11　生物多样性和生态系统下设三级通用指标披露率统计

指标名称	披露率/%
保护生物多样性政策或措施（物种保护、基因保护和生态系统保护）	86.67
生产、服务和产品对生物多样性的影响	25.00

案例：苏垦农发坚持绿色低碳发展，积极开展生态修复工作

一方面，苏垦农发公司通过绿色基地标准化建设，促进种植基地生态环保、资源节约、污染防治等水平不断提升，逐步改善基地环境质量；另一方面，公司积极开展种植基地土壤修复技术研究，

在农业生产种植中进行测土配方施肥技术，加大有机肥投入量，进行生态修复，建立土壤常态化治理机制，积极开展秸秆还田工作，逐步修复土壤肥力，降低公司生产运营对生态环境的影响。目前，公司种植基地稻麦两季秸秆全量还田，报告期内，公司生产运营各项活动未对生物多样性或生态环境造成任何不良影响。

案例来源：苏垦农发2023年度环境、社会和治理（ESG）报告

案例：光明农牧遵循动物福利五项基本原则，保证动物福利

上海梅林（光明肉业）旗下光明农牧遵循动物福利五项基本原则，保证提供动物保持良好健康和精力所需要的食物和饮水，提供适当的房舍或栖息场所，对患病动物进行及时治疗并多举措预防疾病，保证避免动物遭受精神痛苦的处置和屠宰以及保证动物表达天性的自由。

生理福利	免受饥渴，保证猪只的营养与健康；通过饲喂曲线精准饲喂，准确把握母猪采食状况，及时了解母猪健康状态
环境福利	在日常生产中定期地对粪沟进行清理，赶猪通道清洁度、水槽清洁度、棚舍通风、灯光、漏缝地板的整洁度、猪只躺卧舒适度等进行评估及时整改 完善通风降温设备、增加各种保温设施、增加喷淋消毒设备和灯光补充装置等；各牧场配备了母猪热水洗澡设备，对进产房的母猪的清洗工作，对猪只身体及乳房进行清洁
卫生福利	严格执行防疫程序，保护动物健康；对患病动物进行及时的治疗
行为福利	新建牧场采用电子饲喂大栏饲养模式，相较于限位栏母猪后期能够自由活动，提高运动量，便于分娩
心理福利	运猪电车的投入使用，减少猪只应激反应

光明农牧遵循动物福利五项基本原则（示例）

案例来源：上海梅林2023年度ESG暨可持续发展报告

> **案例：海大集团推动环保饲料与可持续养殖，保护生物多样性**
>
> 海大集团积极推动生物多样性和生态系统保护，在其水产养殖业务中，采用了环保饲料和可持续养殖技术，减少了养殖过程中对水体和周围环境的污染。同时，在养殖基地和生产设施周围，实施了严格的生态保护措施，确保不破坏当地的自然生态系统。公司还积极参与周边生态环境的恢复和保护项目，如湿地修复和森林植被恢复，努力减少农业生产对自然环境的影响。
>
> 此外，海大集团与多家环保组织和科研机构合作，开展生物多样性保护研究项目。海大集团在生物多样性和生态系统保护方面的表现突出，不仅通过实际行动保护了生态环境，还为推动农业的绿色可持续发展作出了重要贡献。
>
> 案例来源：海大集团 2023 年社会责任报告

5.5 资源利用和循环经济

农业作为资源密集型行业，资源高效利用与循环经济对其可持续发展具有关键作用。资源利用与循环经济议题在农业领域的关注点主要集中在农业企业在提升资源利用效率、减少资源浪费、推动废弃物资源化以及构建循环经济体系等方面的实践与成效。评价发现，农业企业在资源利用和循环经济议题的得分平均值为 0.45 分，最小值为 0.11 分，最大值为 0.94 分。

进一步从细分行业分析农业企业资源利用和循环经济议题表现（表 5-12），农业服务业的最大得分最高，为 0.94 分，表明农业服务业的大多数企业生物资源利用效率较高，在行业中处于领先地位。其中，披露率达100%的指标共有4个，分别为绿色技术集成应用（包括节能环保、清洁生产、清洁能源、生态保护与修复、城乡绿色基础设施生态农业等领域的综合技术应用）、绿色投入品研发、能源使用管理制度和措施和循环经济实现目标。

种植业企业得分标准差最高（0.25），农副产品加工行业的标准差最低（0.13）表明种植业企业资源利用和循环经济的发展水平不一；相对而言，农副产品加工行业企业在资源利用和循环经济方面发展水平相对一致。

表 5-12 细分行业资源利用和循环经济评分描述性统计

细分行业	样本量/个	评分/分				
		最小值	最大值	平均值	标准差	中位数
农副产品加工业	26	0.16	0.67	0.36	**0.13**	0.34
畜牧业	10	0.36	0.78	0.61	0.14	0.66
农业服务业	5	0.53	**0.94**	0.69	0.16	0.62
林草业	4	0.13	0.62	0.39	0.21	0.41
渔业	4	0.13	0.58	0.41	0.20	0.46
生物安全业	4	0.36	0.69	0.53	0.14	0.54
种植业	3	0.11	0.60	0.36	**0.25**	0.38

资源利用和循环经济是评价农业环境绿色发展表现的重要维度，可细分为9个三级通用指标，部分指标的披露率如表5-13所示。其中，绿色技术集成应用的披露率达到95%；披露率在50%~80%的指标为3个；披露率在50%以下的指标共有5个：土地等资源使用保护管理制度与措施、能源节约目标、能源管理体系认证、清洁能源使用总

量、综合能源消耗强度。

表 5-13　资源利用和循环经济下设三级通用指标披露率统计

指标名称	披露率 /%
绿色技术集成应用（包括节能环保、清洁生产、清洁能源、生态保护与修复、城乡绿色基础设施生态农业等领域的综合技术应用）	95.00
绿色投入品研发	78.33
循环经济实现目标	70.00
清洁能源使用总量	58.33

从资源利用和循环经济管理的绩效结果来看，2023 年发布 ESG/可持续发展报告的农业企业中有 16 家企业披露企业综合能源消耗强度，已披露企业平均消耗强度为 194.51 吨标准煤/万元产值。大禹节水作为资源利用和循环经济方面表现优异的企业，2023 年企业综合能源消耗强度仅为 0.01 吨标准煤/万元产值（表 5-14）。

表 5-14　已披露信息企业综合能源消耗强度情况

企业名称	综合能源消耗强度/（吨标准煤/万元产值）
金龙鱼	0.00
洽洽食品	0.01
大禹节水	0.01
统一股份	0.01
大北农	0.02
辉隆股份	0.02

> **案例：国投中鲁持续开展节能减排技改，有效提升能源利用效率**
>
> 国投中鲁乳山工业园安装原汁换热装置，充分利用果汁蒸发水余热提高原汁温度，从而降低前巴杀设备所需的蒸汽消耗，每吨浓缩汁可节省蒸汽约 0.12 吨。此外，通过安装膜预浓缩设备将原汁中的水分滤除，提高原汁糖度的同时，每吨汁蒸汽消耗可降低约 30%。通过设备改造和技术升级，有效降低浓缩设备的蒸汽消耗，每吨浓缩汁节省蒸汽约 0.12 吨，实现资源最大化利用。
>
> 案例来源：国投中鲁 2023 年度 ESG 报告

> **案例：瑞普生物通过技术改造的方式降低能源消耗提升资源利用率**
>
> 瑞普生物通过工艺管道改进收集存储符合二次利用标准的中水，用于清洁、绿化项目，节约水资源。能源消耗方面，进行蒸汽余热利用管道改造项目，利用多效蒸馏水机系统尾气蒸汽余热经过板式换热器对锅炉软化水进行加热，天然气使用量综合降低 15%；并通过制冷机组改造，实现制冷机组与冷却水系统联动调节，根据冷却水温度自动调节冷却水循环启停及流量，实现降低能耗。
>
> 案例来源：瑞普生物 2023 年度环境、社会及公司治理（ESG）报告

5.6　ESG—环境表现

通过对企业公开披露的信息进行评价，样本企业中有 17 家农业企业环境表现优秀[①]，占所有被评估企业的 30.35%。其中，农副产品加工

---

① 参考可持续（ESG）发展评价阶段的划分。

业 7 家：金龙鱼、双汇发展、中粮科技、光明肉业（上海海林）、甘源食品、新希望、大北农；农业服务业 3 家：大禹节水、农发种业、鹏都农牧；畜牧业 4 家：温氏股份、神农集团、中国圣牧、牧原股份；种植业（其他种植业）1 家：海南橡胶；林草业 1 家：永安林业；生物安全业 1 家：瑞普生物。这些企业在环境保护和资源管理领域表现优秀，展示了其在绿色生产、环保技术创新和生态保护方面的持续投入和较强的管理能力。这些企业在减少碳排放、提高能源和水资源利用效率、实施可持续农业实践、保护生物多样性等方面取得了显著进展，或（和）在环境信息披露的透明度和环保合规性上保持了领先地位。这些企业在各自的细分行业中设立了绿色发展标杆，同时也展现了农业行业在推动环境可持续发展方面的巨大潜力。通过持续强化环保措施和绿色发展战略，为农业行业的生态保护和可持续发展作出贡献。

6 社会表现

本报告对农业企业社会议题表现的评价具体分为员工、社区资源和关系、消费者和最终用户、供应链管理、乡村振兴五个方面,各方面表现情况如图6-1所示。若使用通用指标评分,农业在员工方面得分最高,在消费者和最终用户、社区资源和关系、供应链管理、乡村振兴方面得分次之。若加入行业特征指标评分,农业社会议题整体表现有所下降,其中社区资源和关系、乡村振兴方面的得分没有变化,供应链管理、员工、消费者和最终用户方面的得分小幅下降。农业积极

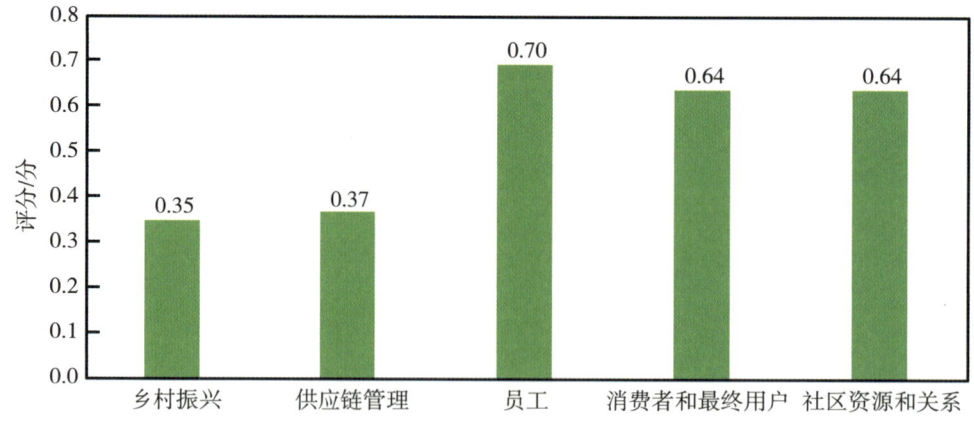

图6-1 社会议题二级议题平均得分

贯彻落实《"十四五"全国乡村产业发展规划》，注重农业绿色发展，在社会各方面采取了积极措施，取得了较好的表现；但农业企业应注重自身行业特性方面的绿色发展，进一步提升农业社会方面的绿色发展表现。

6.1 员工

从员工维度能够有效衡量农业企业的社会可持续发展表现，该维度主要评估企业在保障员工权益、提高员工素质和工作满意度、促进性别平等和多样性、确保安全生产等方面的表现，检验了农业企业的社会责任履行情况。评价发现，农业企业在员工议题的得分平均值为 0.73 分，最小值为 0.48 分，最大值为 0.89 分。

进一步从细分行业分析农业企业员工议题表现（表 6-1）可知，农业服务业和生物安全业的平均得分最高，为 0.77 分，这表明两个行业的大多数企业在保障员工权益、安全生产投入、员工激励与晋升等方面发展较为完善，员工的工作满意度较高。同时，农业服务业在员工议题下披露最完善的指标有 8 个，披露率均达到 100%，分别为工会组织/职工代表大会、董事会成员中至少有 1 位女性、监督管理机构的多元化、安全生产制度与措施（包括设施条件、工作环境、劳动强度和工作时间等）、禁止雇佣童工、反强迫或强制劳动的制度或措施、制定工资标准的政策（包括最低工资标准的执行、生活标准的考量等）、员工聘用政策及执行情况、员工教育与培训管理体系（包括职业健康、安全生产教育和技能培训）、员工激励及晋升政策、职业健康安全管理体系认证。生物安全业在员工议题下披露最完善的指标有 7 个，披露率均达到 100%，分别为工会组织和/或职工代表大会、董事会成员中至少有 1 位女性、监督管理机构的多元化、安全生产制度与措施（包括设施条件、工作环境、劳动强度和工作时间等）、员工聘用政策及执行情况、员工教育与培训管理体系（包括职业健康、安全生产教育和技能培训）、员工激励及晋升政策。

表 6-1　细分行业员工评分描述性统计

细分行业	样本量/个	评分/分				
		最小值	最大值	平均值	标准差	中位数
农副产品加工业	26	0.59	0.85	0.74	0.07	0.73
畜牧业	10	0.59	0.82	0.72	0.07	0.73
农业服务业	5	0.68	0.89	**0.77**	0.08	0.76
林草业	4	0.66	0.77	0.71	0.05	0.70
渔业	4	0.48	0.75	0.66	0.13	0.70
生物安全业	4	0.72	0.82	**0.77**	**0.04**	0.77
种植业	3	0.50	0.79	0.66	**0.15**	0.70

此外，种植业企业得分标准差最高（0.15），体现出该行业企业在员工管理水平方面参差不齐，这在一定程度上也体现了企业之间政策制定、经济规模等方面的差异；生物安全业企业得分标准差最低（0.04），说明林草业企业在员工议题的执行标准和管理水平方面存在较高的一致性和相似性。

从指标披露情况来看，员工议题可细分为 17 个三级通用指标，部分指标的披露率如表 6-2 所示。其中，董事会成员中至少有 1 位女性，监督管理机构的多元化，员工教育与培训管理体系（包括职业健康、安全生产教育和技能培训），安全生产制度与措施（包括设施条件、工作环境、劳动强度和工作时间等），员工聘用政策及执行情况，员工激励及晋升政策，工会组织和/或职工代表大会，职业健康安全管理体系认证，禁止雇佣童工、反强迫或强制劳动的制度或措施，制定工资标准的政策（包括最低工资标准的执行、生活标准的考量等）9个指标的披露率达到90%及以上；披露率在20%~90%的指标为3个；员工流失率、安全生产投入、员工满意度调查、因工伤损失工作日数，讨论科学家和研发人员的人才招聘和留用工作5个指标的披露率不足25%。

表6-2 员工下设三级通用指标披露率统计（部分）

指标名称	披露率/%
董事会成员中至少有1位女性	100.00
监督管理机构的多元化	100.00
员工教育与培训管理体系（包括职业健康、安全生产教育和技能培训）	100.00
安全生产制度与措施（包括设施条件、工作环境、劳动强度和工作时间等）	96.67
员工聘用政策及执行情况	96.67
员工激励及晋升政策	96.67
工会组织和/或职工代表大会	95.00
职业健康安全管理体系认证	91.67
禁止雇佣童工、反强迫或强制劳动的制度或措施，制定工资标准的政策（包括最低工资标准的执行、生活标准的考量等）	90.00

从人员管理的绩效结果来看，2023年发布ESG/可持续发展报告的农业企业中有41家企业披露员工相关信息，已披露企业平均女性员工比例为33%，员工平均培训时长为44.59小时，员工满意度调查平均值为97%。其中，"农产品"作为在员工发展方面最为突出的企业，女性员工比例为27%，员工平均培训时长已经达到200小时，员工满

意度调查值为 99%（表 6-3）。

表 6-3　已披露信息企业员工相关指标情况（部分）

企业名称	女性员工占比 /%	员工平均培训时长 / 小时	员工满意度调查 /%
中粮科技	12	66.00	100
甘源食品	48	11.01	100
大禹节水	24	32.00	100
瑞普生物	46	48.00	100
中粮糖业	8	11.18	100
农产品	27	200.00	99
永安林业	20	0.50	93
温氏股份	29	0.12	87

案例：好想你为员工提供的职业健康服务内容，确保服务质量

好想你公司始终坚持"安全第一，预防为主，综合治理"的方针，严格落实安全生产法律法规。报告期内，公司在安全生产方面进行了以下工作：

（1）迎接检查和制度修订：公司接受省市督导组检查 13 次，修订安全生产管理制度 9 项。

（2）安全培训与演练：开展 17 场安全培训，覆盖 2 650 人次，通过培训和应急演练提升了员工的安全意识和应急自救能力。

（3）设备检测与职业健康：特种设备检测合格率 100%，新办及复审特种作业资格证书 60 人，职业健康体检合格率 100%，全年实现零伤亡事故和零职业病。

（4）消防管理：检修维护 24 万平方米的消防设施，合格率 100%，全年实现零火灾事故。

2023 年度，公司严格执行国家安全作业规范，未发生安全事故或隐患。

案例来源：好想你 2023 年度环境、社会与公司治理（ESG）报告

案例：永顺泰秉承"长'制'久安，'麦'向幸福"的安全使命

永顺泰严格遵守《中华人民共和国安全生产法》《中华人民共和国职业病防治法》等法律要求，建立健全了安全生产和职业健康安全管理体系。通过完善的安全管理机构、全员安全生产责任制、安全考核体系以及双重预防机制，提升了公司的安全管理水平。公司推进安全风险分级管控和隐患排查治理，建立安全风险数据库，并加强相关方的安全管理，通过多种形式构建以人为本的安全文化氛围，预防安全事故的发生。公司还积极开展"安全生产月""消防宣传月"等活动，推动安全文化深入人心，为企业高质量发展保驾护航。

案例来源：永顺泰 2023 年度环境、社会和公司治理（ESG）报告

案例：神农集团建立七大序列人才发展计划，开辟多样化的职业发展通道

在神农集团的三重发展路径和多序列任职资格发展通道的赋能下，公司建立以"管理、专业职能、非管理专业跨越"发展的三重职业生涯发展通道，打造一张合纵连横的职业发展地图，帮助公司的每一个员工实现不同职业通道的晋升与成长，力求使各类人才都有才能发挥的舞台和成长发展的空间。

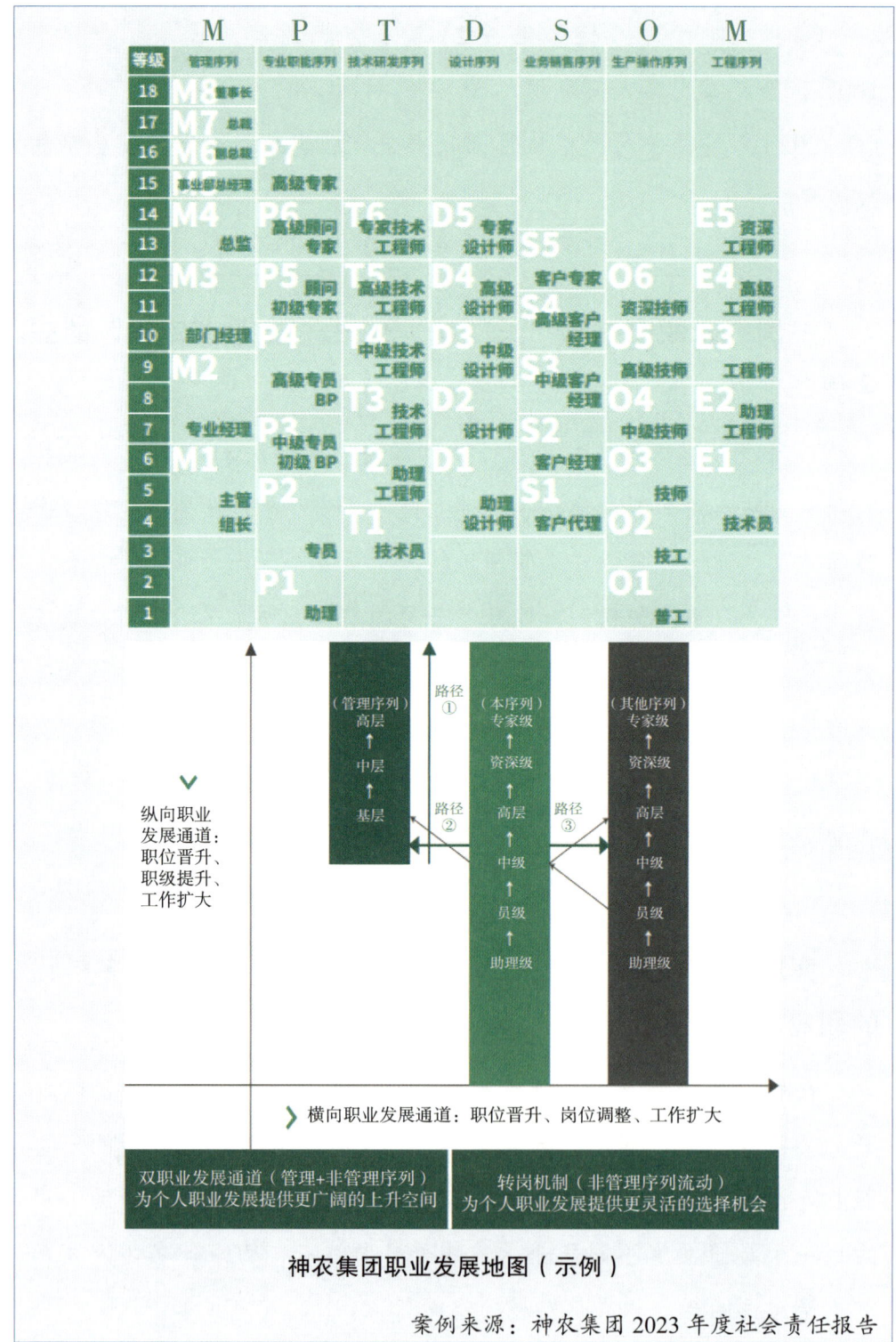

神农集团职业发展地图（示例）

案例来源：神农集团2023年度社会责任报告

6.2 社区资源和关系

社区资源和关系是评价农业企业社会发展表现的重要维度，其效用一方面体现在通过直接的公益支出促进社区福利，另一方面体现在通过农业服务支持国家战略实施，包括支持区域协调发展与农业经济发展，支持农业技术创新和现代农业发展等。评价发现，农业企业在社区资源和关系议题的得分平均值为 0.64 分，最小值为 0.35 分，最大值为 1 分。

进一步细分行业分析农业企业社区资源和关系议题表现（表 6-4），林草业评分最高分为 1 分，并且在"公益慈善、应急救援等方面的策略和计划"和"利益相关方沟通机制"方面，所有林草业企业均进行了相关指标披露，披露率达 100%。这表明林草业企业在促进社区经济发展、生态保护和实现低碳目标方面发挥了极其关键的作用。

另外，林草业企业得分标准差最高（0.28），生物安全行业和种植业的得分标准差最低（0.08），表明受企业的社区参与、合作的模式、规模、资源配置以及策略选择等因素影响，林草业企业在社区资源和关系应对措施的实施上存在较大差异；相对而言，生物安全行业和种植业企业在社区资源和关系方面发展水平差异较小。

表 6-4 细分行业社区资源和关系评分描述性统计

细分行业	样本量 / 个	评分 / 分				
		最小值	最大值	平均值	标准差	中位数
农副产品加工业	26	0.38	0.78	0.62	0.10	0.62
畜牧业	10	0.52	0.92	0.72	0.12	0.75
农业服务业	5	0.55	0.88	0.69	0.15	0.68

（续表）

细分行业	样本量/个	评分/分				
		最小值	最大值	平均值	标准差	中位数
林草业	4	0.35	**1.00**	0.69	**0.28**	0.71
渔业	4	0.35	0.72	0.53	0.15	0.53
生物安全业	4	0.55	0.72	0.60	**0.08**	0.57
种植业	3	0.35	0.52	0.46	0.10	0.52

从指标披露情况看，社区资源和关系议题可细分为5个三级通用指标，部分指标的披露率如表6-5所示。其中，公益慈善、应急救援等方面的策略和计划，利益相关方沟通机制以及公益慈善、志愿服务等投入3个指标的披露率达到80%及以上；披露率在20%~50%的指标为2个。

表6-5 社区资源和关系下设三级通用指标披露率统计表（部分）

指标名称	披露率/%
公益慈善、应急救援等方面的策略和计划	95.00
利益相关方沟通机制	95.00
公益慈善、志愿服务等投入	80.00

从社区资源和关系管理的绩效结果来看，2023年发布ESG/可持续发展报告的农业企业中有48家企业披露公益慈善投入情况，部分企业的公益慈善投入情况如表6-6所示。已披露企业平均公益慈善投入为1 398.77万元，平均单位营业收入公益慈善投入10.15万元。"福建金森"作为社区资源和关系方面表现优异的企业，2023年公益慈善投入150.64万元，单位营业收入公益慈善投入102.03万元。

表 6-6　已披露信息企业公益慈善投入情况（部分）

企业名称	公益慈善投入/万元	单位营业收入公益慈善投入/万元
福建金森	150.64	102.03
东瑞股份	826.86	79.73
牧原股份	35 617.33	32.13
劲仔食品	320.50	15.52
平潭发展	92.92	7.53
海大集团	3 600.00	3.10
中水渔业	102.00	2.52
双汇发展	649.54	1.08
光明肉业	34.40	0.15

案例：劲仔食品持续关注利益相关方的诉求，坚持建立多元化的沟通机制

劲仔食品根据公司的特性、行业动态以及发展情况，公司共识别出员工、投资者及股东、政府及监管机构、产业链伙伴、客户、社区及公众6类利益相关方。公司通过开放日、团建活动等方式与员工保持沟通；通过信息披露渠道、投资者调研活动、互动平台、股东大会等方式与投资者及股东保持沟通；通过公文往来等方式与政府及监管机构、产业链伙伴保持沟通；通过日常运营/互动、客服热线等方式与客户保持沟通；通过社会责任报告、媒体披露等方式与社区及公众保持沟通。

案例来源：劲仔食品2023年社会责任报告

案例：味知香履行社会责任，助力行业发展

味知香积极践行社会责任，回馈社会，长期支持助学公益慈善事业。公司坚持帮助社会弱势群体，持续在教育和扶贫领域开展爱心捐赠，14年来通过苏州市红十字"味知香"爱心基金为建设和谐社会贡献力量。该基金将继续支持贫困学生成长成才，弘扬"人道、博爱、奉献"的精神。

2023年10月，味知香在苏州主办了"中国未来食品营养与健康发展论坛"，促进食品健康行业的交流与创新。会上成立了"中国食品科学技术学会食品科技基金——味知香食品营养与健康基金"，旨在推动中国食品科技与营养健康领域的科研发展和行业创新。

案例来源：味知香2023年度社会责任报告

案例：中宠股份积极履行社会责任，捐资救灾、扶危救困，奉献爱心，温暖社会

2023年，中宠股份缴纳税款超亿元，为国家税收和地方经济发展作出重要贡献，同时提供了数千个长期和数百个临时工作岗位，助力地方经济和社会稳定。公司被授予2023年度莱山区"纳税贡献企业"荣誉称号，并获得"山东省诚信企业"称号，其董事长郝忠礼获评"山东省优秀诚信企业家"。

中宠股份积极响应"一带一路"倡议，与源飞宠物在柬埔寨建立生产工厂，带动当地经济发展，现拥有约1350名柬籍员工，逐年提升产量和盈利。公司还通过山东省公安民警优抚基金会每年捐赠，帮助因公牺牲和伤残民警家属，2023年共帮扶109名困难职工，支出12.08万元。此外，作为中国小动物保护协会副会长单位，中宠股份每年向流浪动物保护中心捐赠宠粮，2023年9月向安徽巢湖市的流浪犬保护中心捐赠宠粮。

案例来源：中宠股份2023年度社会责任报告

6.3 消费者和最终用户

消费者和最终用户情况是评价农业企业社会发展表现的重要指标之一，对农业企业至关重要，其需求和反馈可驱动市场需求，促使企业调整生产和产品结构，提升品牌声誉并增加市场竞争力。评价发现，农业企业在消费者和最终用户议题得分的平均值为 0.67 分，最小值为 0.38 分，最大值为 0.85 分。

进一步从细分行业分析农业企业消费者和最终用户议题表现（表 6-7），农业服务业平均得分最高，为 0.76 分。尤其是在"产品安全和质量管理制度""负责任营销计划""客户隐私保护制度体系及管理措施""售后服务管理控制制度和措施，包括客户投诉反馈流程"方面，所有农业服务业企业均进行了相关指标披露，披露率达 100%。

表 6-7 细分行业消费者和最终用户评分描述性统计

细分行业	样本量/个	评分/分				
		最小值	最大值	平均值	标准差	中位数
农副产品加工业	26	0.40	0.83	0.64	0.12	0.64
畜牧业	10	0.54	0.85	0.70	0.09	0.69
农业服务业	5	0.69	0.81	**0.76**	**0.04**	0.77
林草业	4	0.38	0.75	0.57	0.15	0.58
渔业	4	0.46	0.81	0.68	0.16	0.73
生物安全业	4	0.62	0.85	0.74	0.10	0.75
种植业	3	0.38	0.85	0.68	**0.26**	0.81

种植业企业得分标准差最高（0.26），表明种植业企业在消费者和最终用户方面的管理实施上一致性较低，这主要归因于企业的市场定

位、品牌建设、资源配置等差异；农业服务业的标准差最低（0.04），说明该行业企业在消费者和最终用户管理方面发展水平较为一致，并且结合平均得分情况，农业服务业企业在消费者和最终用户的服务方面在行业中处于杰出水平。

从指标披露情况来看，消费者和最终用户议题下设 9 个三级通用指标，部分指标的披露率如表 6-8 所示。其中，产品安全和质量管理制度，售后服务管理控制制度和措施，包括客户投诉反馈流程，客户隐私保护制度体系及管理措施以及负责任营销计划投入 4 个指标的披露率达到 80% 及以上。披露率 50%～80% 的指标为 1 个；描述识别和处理数据安全风险的方法、数据安全事件的具体情况及应对措施，客户满意度，产品召回数量以及数据泄露受影响的客户数量 4 个指标的披露率在 20%～50%。

表 6-8　消费者和最终用户下设三级通用指标披露率统计（部分）

指标名称	披露率 /%
产品安全和质量管理制度	98.33
售后服务管理控制制度和措施，包括客户投诉反馈流程	88.33
客户隐私保护制度体系及管理措施	85.00
负责任营销计划	83.33

从消费者和最终用户管理的绩效结果来看，2023 年发布 ESG/ 可持续发展报告的农业企业中有 30 家企业披露消费者和最终用户情况，部分企业的消费者和最终用户情况如表 6-9 所示。牧原股份作为消费者和最终用户方面表现最优异的企业，其 2023 年客户满意度为 100%，产品召回数量和数据泄露受影响的客户数量均为 0，客户投诉处理情况为 100%。

表 6-9　已披露信息企业农业消费者和最终用户情况（部分）

企业名称	客户满意度 /%	产品召回数量 / 个	数据泄露受影响的客户数量 / 个	客户投诉处理情况 /%
牧原股份	100	0	0	100
京基智农	98	0	0	100
金龙鱼	94	0	0	100
双汇发展	90	0	0	100

案例：中粮科技开展食品风险等级评价和分级分类管理

中粮科技建立《质量食品安全管理规定》，完善《质量安全责任制管理办法》等质量安全综合管理制度。建立各类产品的产业链风险控制大纲、可追溯技术规范、食品安全事故应急预案等，保障全产业链质量安全。针对下属企业全覆盖开展食品安全管理体系有效性审核评价，指导企业改进不足，有效提升企业质量食品安全管理水平。报告期内，积极推动各下属企业开展质量安全认证工作，主要销售产品均通过 ISO9001 质量管理体系、ISO22000 食品安全管理体系认证。

案例来源：中粮科技 2023 年 ESG 报告

案例：中水渔业持续完善食品安全管控，严防食品安全质量问题

中水渔业严格遵守《中华人民共和国产品质量法》《中华人民共和国食品安全法》等国家法律法规和行业质量标准，制定《产品质量管理规定》《外协产品质量管理细则》等相关管理制度，持续完善食品安全管控，追求卓越品质，提升消费体验。公司要求保留整个食品链的食品安全信息，确保产品的可追溯性。2023 年，公司产品合格率为 100%，未发生危害客户健康与安全的事件。

案例来源：中水渔业 2023 年度 ESG 报告

案例：开创国际完善食品安全管理建设，规避供应链食品安全风险

开创国际建立并运行了包括 GMP、ISO22000、BRC、HACCP 和 IFS 在内的食品安全管理体系，并向下属单位和子公司下达了 2023 年度食品安全目标责任。公司通过培训提升员工食品安全意识，帮助识别和预防潜在风险。在供应链管理方面，公司严格审查供应商的原材料安全，发现问题时将供应商列入黑名单，并确保渔货在运输过程中温度控制得当，保障品质。此外，公司建立了食品可追溯系统，确保产品全程可追溯，并加强自查、抽查，将结果纳入子公司绩效考核。公司还制定了食品安全事故应急预案，以提高应对能力，保障公众安全。

案例来源：开创国际 2023 年度社会责任报告

案例：鹏都农牧积极建立防客户数据泄露制度

鹏都农牧通过实施《隐私保护协议》严守供应商和客户的隐私数据，遵循相关《指引》确保供应商信息得到统一的归档和管理。公司不对外披露涉及供应商法人或其他敏感信息。严格遵守合同中的保密条款，与每位客户签订时均会签署客户信息和商业机密保密协议，对客户的隐私和商业信息进行严密保管。此外，鹏都农牧也建立了内部信息安全管理制度和监督机构，与员工签署保密协议，构建了一套完善的管控系统，有效确保客户隐私和信息安全得到妥善保护。

案例来源：鹏都农牧 2023 年度社会责任报告

6.4 供应链管理

供应链管理在评价农业社会可持续发展表现中起着重要作用，供应链是贯穿农业产业发展的重点链路。供应链管理议题是检验农业企业在降低物流成本、减轻供应链社会风险、提高质量安全和物流服务水平、减少环境污染等方面表现的有力标准。农业企业在供应链管理议题的得分平均值为 0.39 分，最小值为 0.17 分，最大值为 0.97 分。

进一步从细分行业的角度分析农业企业供应链管理议题表现，如表 6-10 所示。其中，生物安全行业评分平均值最高，为 0.58 分，该行业的大多数企业在政策引导和市场需求的双重推动下，供应保障水平不断增强，供应链管理取得了显著的发展成果。生物安全行业在供应链管理议题下披露最完善的指标有 2 个，分别为包装材料轻量化减量化措施和供应链环境和社会风险管理、目标、制度及实施计划，两者披露率均为 80%。

表 6-10 细分行业供应链管理评分描述性统计

细分行业	样本量/个	评分/分				
		最小值	最大值	平均值	标准差	中位数
农副产品加工业	26	0.17	0.97	0.38	0.19	0.37
畜牧业	10	0.21	0.79	0.37	0.21	0.29
农业服务业	5	0.38	0.71	0.48	0.15	0.38
林草业	4	0.21	0.29	0.27	**0.04**	0.29
渔业	4	0.19	0.42	0.31	0.10	0.31
生物安全业	4	0.38	0.79	**0.58**	0.17	0.58
种植业	3	0.21	0.62	0.37	**0.22**	0.29

此外，种植业企业得分标准差最高（0.22），表明这些企业在供应链管理战略实施方面存在显著差异；林草业企业得分标准差最低（0.04），说明林草业企业供应链管理的发展水平差异较小，得分大都接近于平均值。农业各细分行业均应加强对供应链全方位的控制监督，有效规避管理风险，从而推动实现农业可持续发展。

从指标披露情况来看，供应链管理议题可细分为9个三级通用指标，部分指标的披露率如表6-11所示。其中，包装材料轻量化减量化措施，供应链环境和社会风险管理、目标、制度及实施计划2个指标的披露率达到50%及以上；披露率在20%~50%的指标为2个；针对供应链中食物损失的政策或承诺，获得第三方环境或社会标准认证的产品原料百分比，与供应商履行保护土地和自然资源的承诺，绿色供应链认证，包装材料使用量的减少（与2022年相比）5个指标的披露率不足15%。

表6-11 供应链管理下设三级通用指标披露率统计（部分）

指标名称	披露率/%
包装材料轻量化减量化措施	58.33
供应链环境和社会风险管理、目标、制度及实施计划	50.00
说明用于在整个供应链中保持产品可追溯性和防止假冒的方法和技术	38.33
产品采购的可追溯性水平	30.00

案例：安德利强化供应链管理与食品安全新举措

公司严谨供应链管理，全方位控制监督。安德利公司深知供应链管理的重要性，因此实施全方位的控制监督，有效规避各类社会风险。公司采购业务分工明确，既涵盖原料果的采购，也包含其他资产的采购，确保各类资源的有序供应。

遵循内部制度，规范高效采购。为确保采购活动的规范与高效，安德利公司依据《企业内部控制流程—采购业务》等一系列内部制度，明确不同类型采购活动管理机构的职责，从预算管理、供应商准入到价格管理、采购申请等各环节都严格把控，确保采购流程的透明与合规。

原料果基地分布广泛，重视食品安全。安德利公司的原料果基地遍布多个省份，公司高度重视食品安全。为此，公司聘请农业技术专家为果农提供种植、病虫害防治等技术培训服务，确保原料果的品质与安全。

原料果验收严格，降低碳足迹与物流成本。在原料果采购环节，安德利公司采取集中采摘送果的方式，减少因运输产生的碳足迹，降低物流成本。同时，公司严格把控原料果验收环节，确保每批原料果都符合质量与安全标准。

辅料与包装材料采购专业化，供应商严格审核。辅料和包装材料的采购由公司专门部门负责，对供应商实行严格的资格审核制度。公司每年对供应商进行复审，确保其供货及时性、进货检验结果、服务质量等方面均达到公司要求，从而确保供货质量与安全。

入库验收严格，食品安全风险可控。产品入库时，安德利公司严格按照验收规定进行操作，库管员、质量控制部、需求申请部门共同参与入库及验收登记手续。每批产品都需出示产品合格证及质量和安全检验报告，确保食品安全风险得到有效控制。

案例来源：安德利2023年社会责任报告暨环境、社会及管治报告

案例：辉隆股份高度重视供应链建设，建立完善绿色采购制度和规定

辉隆股份制定了《供应商管理办法》，明确了供应商的准入、考核和管理机制。供应商准入由下属公司总经理初审，经各层级审核后，组织相关专业人员审查涉及安全生产、环保、特种设备等资质，建立"合格供应商名录"。审核环节，公司成立核查小组，对供应商的生产能力、质量管理等进行现场审核，并出具报告。通过审核的供应商经过合同履约能力评估后进入准入审批程序。供应商被分为ABC三类，实行差异化采购政策。

此外，公司建立了绿色采购制度，优先采购高效、节能、环保产品，杜绝采购高耗能设备或产品。

案例来源：辉隆股份2023环境、社会及治理（ESG）报告

案例：味知香制定严格的供应商准入机制，保证原料供应和质量稳定

味知香公司建立了合格供应商名录，制定了严格的准入机制，在促进供应商良性竞争的同时，与主要原材料供应商建立了稳定的合作关系，保证原材料的供应和质量的稳定。

公司制定了《采购管理制度》《采购管理规范》保证公司与供应商之间的合法权益，公司严格、谨慎选择优质的合作供应商，与供应商之间一直秉承平等协商、互惠互利的原则，合作共赢，谋求共同发展。制度规范中主要包括公平、公正的评估体系、严格的供应商准入、管理、退出机制、严格履行与供应商之间的合同、与优秀的原材料供应商建立战略合作关系、全流程质量管理等措施。

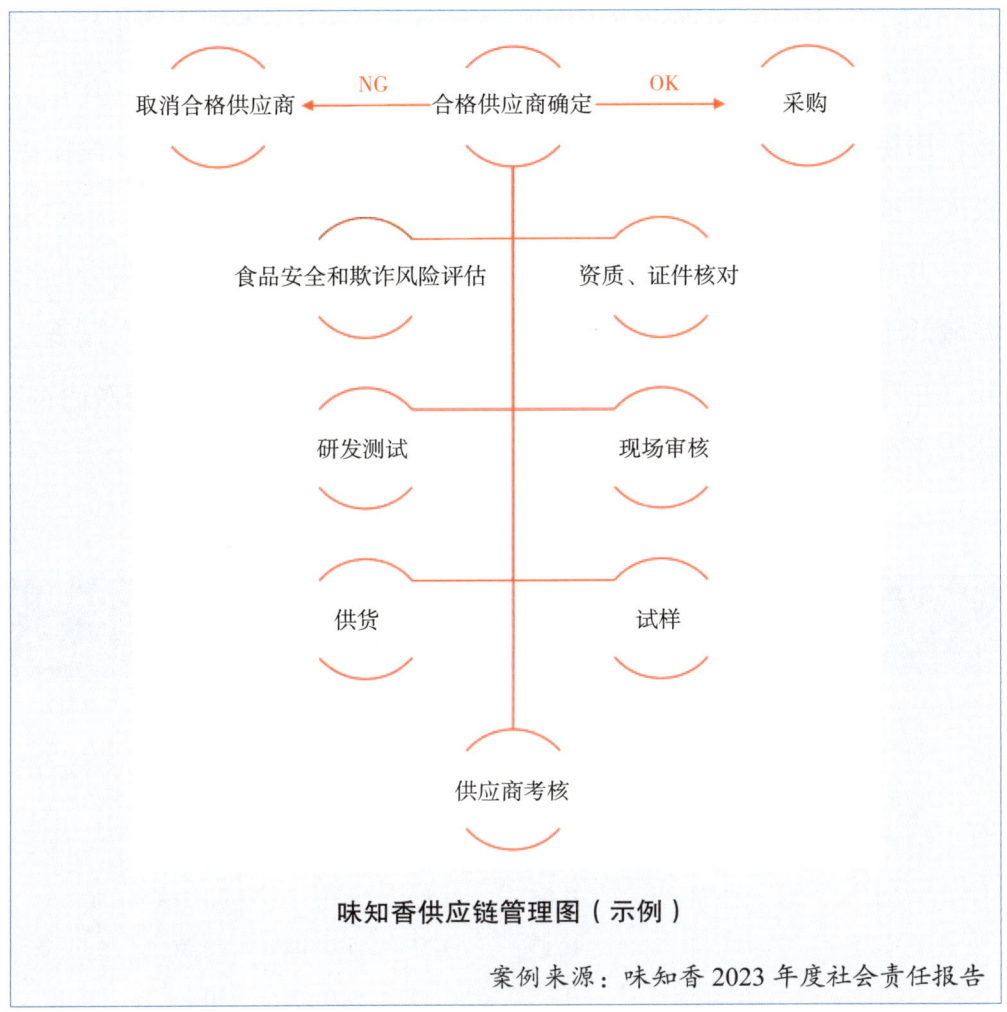

味知香供应链管理图（示例）

案例来源：味知香2023年度社会责任报告

6.5 乡村振兴

乡村振兴是评价农业社会可持续发展表现的关键维度。乡村振兴议题体现了农业企业在助力乡村经济发展、推动乡村产业高质量发展、构建现代乡村产业体系、推进农业农村现代化等方面发挥的积极作用。评价发现，农业企业在乡村振兴议题的得分平均值为0.35分，最小值为0.05分，最大值为1分。

进一步从细分行业的角度分析农业企业乡村振兴议题表现，如表

6-12 所示。其中，渔业的评分平均值最高，为 0.55 分，该行业的大多数企业充分利用优越的地理位置和自然资源，合理发展渔业，有效为乡村居民创收。渔业在乡村振兴议题下披露最完善的指标是乡村振兴投入，披露率为 80%。

此外，畜牧业企业得分标准差最高（0.38），林草业企业得分标准差最低（0.25），表明畜牧业企业在乡村振兴的贡献度方面存在显著差异，主要归因于企业的规模、资源、经济基础等方面的差异；相对而言，林草业企业对乡村振兴的投入和开展的业务建设方面差异较小。

表 6-12　细分行业乡村振兴评分描述性统计

细分行业	样本量/个	评分/分				
		最小值	最大值	平均值	标准差	中位数
农副产品加工业	26	0.05	0.85	0.30	0.29	0.05
畜牧业	10	0.05	1.00	0.38	0.38	0.30
农业服务业	5	0.05	1.00	0.54	0.36	0.55
林草业	4	0.05	0.55	0.17	0.25	0.05
渔业	4	0.05	0.85	0.55	0.36	0.65
生物安全业	4	0.15	0.75	0.40	0.30	0.35
种植业	3	0.05	0.55	0.22	0.29	0.05

从指标披露情况来看，乡村振兴议题可细分为 2 个三级通用指标，各指标的披露率如表 6-13 所示。其中，结合乡村振兴机遇开展品牌建设和业务拓展披露率为 45%；乡村振兴投入披露率为 35%。

表 6-13　乡村振兴下设三级通用指标披露率统计（部分）

指标名称	披露率/%
结合乡村振兴机遇开展品牌建设和业务拓展	45.00
乡村振兴投入	35.00

从乡村振兴投入的绩效结果来看，2023年发布ESG/可持续发展报告的农业企业中有21家企业披露乡村振兴投入情况，已披露企业的平均投入为4 296.14万元，平均单位营业收入乡村振兴投入为4.8万元。作为在乡村振兴方面评分表现最好的企业，大禹节水2023年乡村振兴投入金额为300万元，单位营业收入乡村振兴投入为8.69万元（表6-14）。综上，农业企业均需加强贯彻实施乡村振兴战略规划，适度扩大乡村振兴投入，结合乡村振兴机遇开展品牌建设和业务拓展，推动农村经济的发展，为实现农业现代化和农民增收致富作出积极贡献，从而实现企业和乡村产业的社会可持续发展。

表6-14 已披露信息企业乡村振兴投入情况（部分）

企业名称	乡村振兴投入金额/万元	单位营业收入乡村振兴投入/万元
温氏股份	61 400	68.28
大禹节水	300	8.69
益生股份	150	4.65
农产品	223	4.06
中粮科技	600	2.94
大湖股份	22	1.86
天马科技	113	1.61
巨星农牧	26 904	1.51

案例：罗牛山持续推进定点帮扶、不断助力乡村振兴

罗牛山下属单位海南职业技术学院（以下简称海职院）严格按照海南省委、省政府关于巩固脱贫攻坚成果部署要求，积极开展各项定点帮扶，落实责任，精准发力，真抓真扶，以"四比四促"为抓手，具体举措如下。

（1）推进脱贫成果巩固拓展工作。结合新园村实际，一方面协助东

方市政府合理用好帮扶资金，另一方面海职院也加大资金投入，上半年投入 6 万元购买化肥发展集体产业，不断推进脱贫成果巩固拓展工作。

（2）坚持不懈抓好扶志扶智工作。落实教育特惠、普惠政策，确保教育建档立卡户（脱贫户）政策落实到位，配合当地教育局做好资金补助发放工作。

（3）扎实稳妥推进乡村建设工作。主动协调新园村基础设施建设，推进村容村貌的美化和人居环境改善工程；同时，海职院拟出资设立新园村美化和人居环境改善工程奖励基金，着力人居环境改善，助力美丽乡村建设。

（4）积极开展消费帮扶活动。利用电商平台，做好消费扶贫帮扶工作。

案例来源：罗牛山 2023 年度社会责任报告

案例：天马科技响应乡村振兴，带动区域发展

天马科技持续助力农村现代化，通过绿色发展、一二三产业融合、智慧农业、对口帮扶等措施推进农业现代化发展，打造有竞争力的产业集群，为农户增加就业与收入，以特色产业带动乡村振兴，以产业振兴助力乡村振兴。通过做精做深一条鳗鱼带动一条产业链，天马科技紧跟国策、战略提速，以政府引导、龙头指导、科技创新、金融服务、农民参与的"五位一体"现代农业服务体系联农惠农，带动一方发家致富。围绕世界级全产业链食品供应链平台建设的工作核心，公司全力打造优质特色农产品品牌推动"三农"增收致富。公司"健马""天马"等多个品牌长期深耕农村市场，带动诸多农户增收致富，惠及农村农业，为助力乡村振兴作出了重大贡献。

案例来源：天马科技 2023 年度社会责任报告

> **案例：冠农股份发挥龙头企业引领作用，夯实乡村振兴产业根基**
>
> **冠农股份通过多种举措助力乡村振兴。**
>
> （1）推动乡村振兴：冠农股份依托"小铁牛"数字农业平台，推广订单农业，发挥农业产业化龙头企业的辐射带动作用，为223团的乡村振兴注入动力。
>
> （2）应对灾害：公司积极应对低温雨雪冰冻灾害，组织技术员前往受灾地区，提供技术支持和物资捐助，帮助团场开展抗灾自救工作。
>
> （3）技术培训助力增收：公司开展番茄种植和牛羊养殖技术培训，帮助223团的60余名种植、养殖职工提升技能，促进农牧民增收。
>
> （4）深化兵地共建：在轮台县红桥工业园区启动番茄制品项目，成立红羽食品公司，优化当地农业种植结构，助力乡村振兴。
>
> 案例来源：冠农股份2023年度社会责任报告

6.6　ESG—社会表现

通过对企业公开披露的信息进行评价，样本企业中有18家农业企业社会表现优秀[①]，占所有被评估企业的32.14%。其中，农副产品加工业5家：金龙鱼、双汇发展、中粮科技、海大集团、永顺泰；农业服务业4家：大禹节水、农产品、农发种业、辉隆股份；畜牧业3家：温氏股份、中国圣牧、立华股份；生物安全业3家：中牧股份、瑞普生物、生物股份；种植业（其他种植业）1家：海南橡胶；林草业1家：永安林业；渔业1家：中水渔业。这些企业在社会责任履行和员工关

---

① 参考可持续（ESG）发展评价阶段的划分。

怀领域表现突出，展现了其在社区贡献、员工权益保护和供应链管理方面的持续努力和较强的管理能力。这些企业在改善员工工作条件、提升员工职业发展机会、支持社区发展和公益事业、保障供应链透明度和公平性等方面取得了显著进展，或（和）在社会责任信息披露的透明度和合规性上保持了领先地位。这些企业在各自的细分行业中设立了社会责任标杆，为其他企业提供了学习和借鉴的榜样，同时也展现了农业行业在推动社会可持续发展方面的巨大潜力和前景。通过持续强化社会责任和人文关怀战略，为农业行业的社会和谐和可持续发展作出了重要贡献。

7 治理表现

本报告对农业企业治理议题表现的评价具体分为 ESG 治理机制、利益相关方沟通、反商业贿赂、反不正当竞争等四个方面。

7.1 ESG 治理机制

（1）监督和管理影响、风险和机遇的机构

监督和管理机构在影响、风险与机遇的机构旨在评估农业企业可持续发展相关机构的设立情况。评价发现，农业企业在负责尽职调查的机构议题得分平均值为 0.61 分，最小值为 0 分，最大值为 1 分。

进一步从细分行业分析农业企业监督和管理影响、风险和机遇的机构表现（表 7-1），生物安全平均得分最高，为 1 分，这表明生物安全行业的所有企业都有较为完善的可持续发展相关机构设置，并且其中有 80% 的生物安全行业企业对"监督和管理、影响风险和机遇的机构"指标进行了披露。

渔业、林草业和种植业企业得分标准差最高（0.58），说明这些行业企业受多种条件制约，在监督和管理影响、风险和机遇的机构方面

发展水平不一；相对而言，生物安全行业的标准差最低（0），说明该行业企业在监督和管理影响、风险和机遇的机构方面发展水平高度一致，此外，结合平均得分来看，所有企业均处于行业领先地位，体现了该行业整体管理水平的卓越性和一致性。

表 7-1　细分行业监督和管理影响、风险和机遇的机构评分描述性统计

细分行业	样本量/个	评分/分				
		最小值	最大值	平均值	标准差	中位数
农副产品加工业	26	0.00	1.00	0.62	0.50	1.00
畜牧业	10	0.00	1.00	0.50	0.53	0.50
农业服务业	5	0.00	1.00	0.60	0.55	1.00
林草业	4	0.00	1.00	0.50	0.58	0.50
渔业	4	0.00	1.00	0.50	0.58	0.50
生物安全业	4	1.00	1.00	1.00	0.00	1.00
种植业	3	0.00	1.00	0.67	0.58	1.00

> **案例：京基智农公司董事会作为管理经济、环境和社会议题的最高决策机构**
>
> 京基智农高度重视ESG工作，加强董事会在公司ESG事务中的监督与参与力度，积极主动将ESG融入公司发展战略与生产经营。公司董事会作为管理经济、环境和社会议题的最高决策机构，负责识别和监管ESG议题及其表现、审议公司年度ESG报告，并授权业务归口管理部门负责ESG工作的日常管理和组织实施。
>
> 案例来源：京基智农2023年度环境、社会及公司治理（ESG）报告

（2）监督和管理影响、风险与机遇的人员的技能和资质

农业企业治理依赖于负责尽职调查的人员。评价发现，农业企业在监督和管理影响、风险和机遇的人员的技能和资质得分平均值为0.2

分，最小值为 0 分，最大值为 1 分。进一步从细分行业分析农业企业监督和管理影响、风险与机遇的人员的技能和资质表现（表 7-2），渔业和生物安全业平均得分最高，为 0.25 分。另外，渔业企业对该指标的披露率也达到了 25%，远高于企业整体披露率（18.33%）。同时，由于渔业管理和生物安全管理是一项复杂的任务，需要复杂的专业知识和技能，渔业企业和生物安全得分标准差也最高（0.50）。

表 7-2 细分行业监督和管理影响、风险和机遇的人员的技能和资质评分描述性统计

细分行业	样本量/个	评分/分				
		最小值	最大值	平均值	标准差	中位数
农副产品加工业	26	0.00	1.00	0.23	0.43	0.00
畜牧业	10	0.00	1.00	0.20	0.42	0.00
农业服务业	5	0.00	1.00	0.20	0.45	0.00
林草业	4	0.00	0.00	0.00	0.00	0.00
渔业	4	0.00	1.00	**0.25**	**0.50**	0.00
生物安全业	4	0.00	1.00	**0.25**	**0.50**	0.00
种植业	3	0.00	0.00	0.00	0.00	0.00

案例：中国圣牧重视 ESG 风险管控，持续完善 ESG 管治架构与管理机制

中国圣牧形成了以董事会为最高决策层的三级可持续发展管理架构（图 7-1），加强与利益相关方的沟通，积极推动与圣牧使命、业务模式、专业能力和影响力最相匹配的可持续发展目标的实现。其中，圣牧有机奶业有限公司董事会职能主要包括制订公司可持续发展管理方针、策略及目标，识别重要议题；定期监督可持续发展工作；识别及评估风险及机遇。公司在董事会辖下成立战略与可持续发展委员会。

委员会的职责为监管和评估公司的可持续发展表现，并向董事会汇报；控制追求可持续发展过程中可能存在的风险。公司可持续发展部主要负责推进日常可持续发展工作，定期召开会议，协调并解决问题；监督、汇报各项目进程。明确各委员会成员的主要职责和分工。

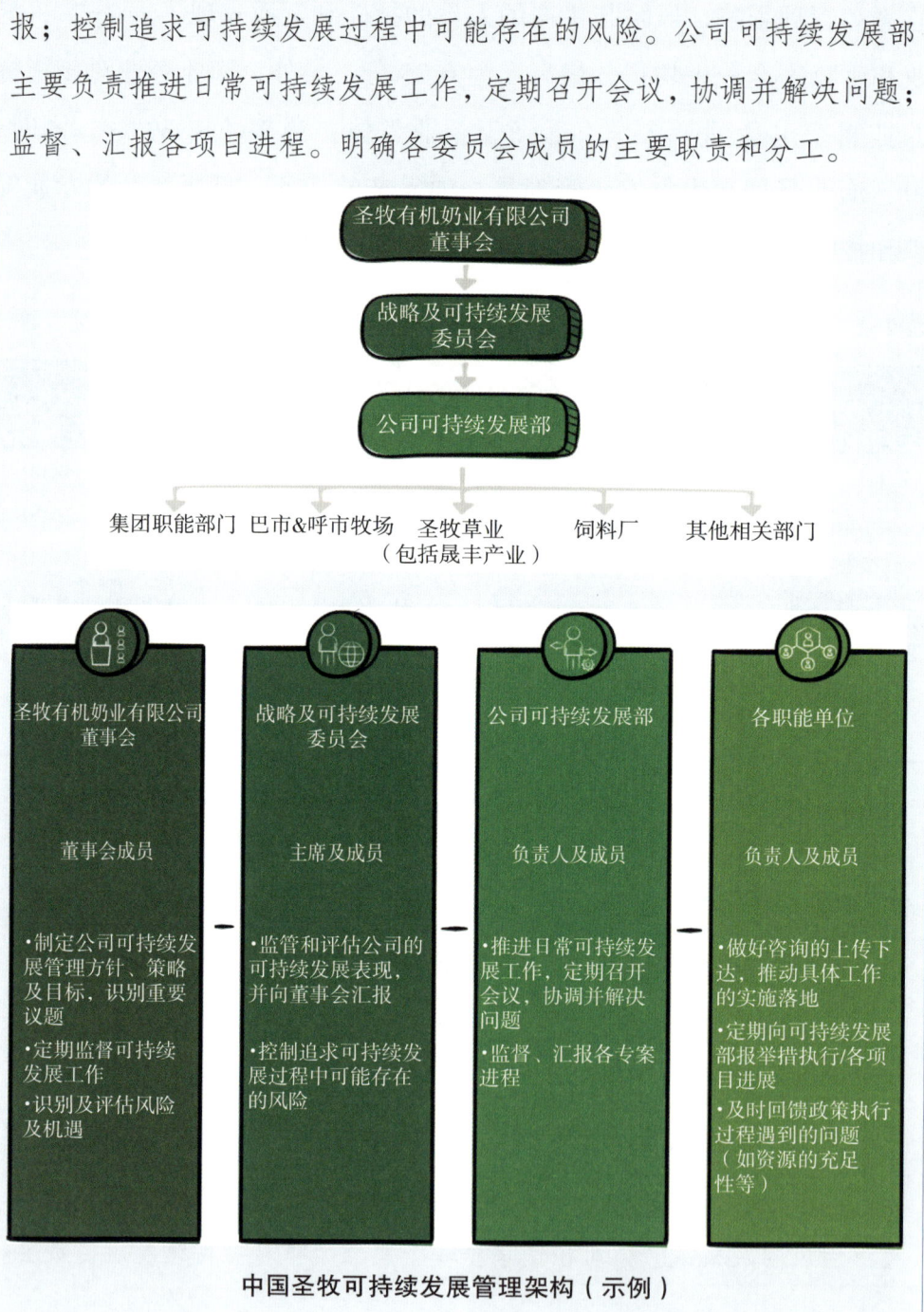

中国圣牧可持续发展管理架构（示例）

案例来源：2023年中国圣牧ESG报告

（3）监督和管理绩效考核的机制

监督和管理绩效考核的机制是评价农业类型企业公司治理发展表现的重要维度，旨在评估农业企业管理、监督机制等方面的表现。评价发现，农业企业在监督和管理绩效考核的机制的得分平均值为 0.43 分，最小值为 0 分，最大值为 1 分。进一步从细分行业分析农业企业监督和管理绩效考核的机制表现（表 7-3），农业服务业平均得分最高，为 0.6 分，表明农业服务业的大多数企业都有较好的监督和管理绩效考核的机制。其中披露率最高的指标为监督和管理绩效考核的机制，达到了 60%。种植业和林草业企业得分标准差最高（0.58），畜牧业的标准差最低（0.48），表明种植业和林草业企业监督和管理绩效考核机制的发展水平存在较大差异；相对而言，畜牧业企业在监督和管理绩效考核的机制方面发展水平较为一致。

表 7-3 细分行业监督和管理绩效考核的机制评分描述性统计

细分行业	样本量/个	评分/分				
		最小值	最大值	平均值	标准差	中位数
农副产品加工业	26	0.00	1.00	0.50	0.51	0.50
畜牧业	10	0.00	1.00	0.30	**0.48**	0.00
农业服务业	5	0.00	1.00	**0.60**	0.55	1.00
林草业	4	0.00	1.00	0.50	**0.58**	0.50
渔业	4	0.00	1.00	0.25	0.50	0.00
生物安全业	4	0.00	1.00	0.25	0.50	0.00
种植业	3	0.00	1.00	0.33	**0.58**	0.00

案例：京粮控股公司董事会下设委员会负责绩效考核的管理

京粮控股董事会分别下设战略与 ESG 委员会、审计与合规管理委员会及提名与薪酬考核委员会三个专门委员会。战略与 ESG 委员会主要负责对公司长期发展战略和重大投资决策以及 ESG 相关事宜进行研究并提出建议，提名与薪酬考核委员会主要负责公司董事、高级管理人员的遴选、审核及制定公司董事、高级管理人员的考核标准和薪酬方案等，审计与合规管理委员会主要负责监督、评估公司内外部审计及合规管理，促进公司建立有效的内部控制等工作。

案例来源：京粮控股 2023 年环境、社会和公司治理 ESG 报告

（4）将可持续发展相关影响、风险和机遇纳入决策考虑的措施、方法

将可持续发展相关影响、风险和机遇纳入决策考虑的措施、方法是评价农业类型企业公司治理发展表现的重要维度，旨在评估农业企业在可持续发展方面的表现。评价发现，农业企业在该方面的得分平均值为 0.43 分，最小值为 0 分，最大值为 1 分。进一步从细分行业分析农业企业将可持续发展相关影响、风险和机遇纳入决策考虑的措施、方法议题表现（表 7-4），农业服务业平均得分最高，均为 0.6 分，表明农业服务业的大多数企业都有较好的将可持续发展相关影响、风险和机遇纳入决策考虑的措施、方法。其中披露率最高达到了 60%。各细分行业标准差都比较接近，且数值均较大，表明这些行业企业在将可持续发展相关影响、风险和机遇纳入决策考虑的措施、方法的实施水平上存在较大差异，农业企业应继续贯彻可持续发展理念，不断提升企业的可持续发展水平。

表 7-4 细分行业将可持续发展相关影响、风险和机遇纳入决策考虑的措施、方法评分描述性统计

细分行业	样本量/个	评分/分				
		最小值	最大值	平均值	标准差	中位数
农副产品加工业	26	0.00	1.00	0.42	0.50	0.00
畜牧业	10	0.00	1.00	0.30	0.48	0.00

（续表）

细分行业	样本量/个	评分/分				
		最小值	最大值	平均值	标准差	中位数
农业服务业	5	0.00	1.00	**0.60**	0.55	1.00
林草业	4	0.00	1.00	0.50	0.58	0.50
渔业	4	0.00	1.00	0.50	0.58	0.50
生物安全业	4	0.00	1.00	0.50	0.58	0.50
种植业	3	0.00	1.00	0.33	0.58	0.00

案例：新希望制定"希望之树"ESG战略，引领推动ESG融入业务决策和运营各环节

新希望六和持续推动公司完善环境、社会及治理体系。公司董事会作为管理经济、环境和社会议题的最高决策机构，充分履行董事会在公司ESG事务中的审议、决策与监督职责，促进ESG融入公司发展战略与日常经营，提升公司在可持续行动方面的表现。

2023年，为进一步保障ESG工作的持续有效开展，公司搭建了"监督层—管理层—执行层"自上而下完整的ESG管理组织架构，拟将"董事会战略委员会"更名为"董事会战略与可持续发展委员会"，增加战略与可持续发展委员会对公司ESG治理进行研究并提供决策咨询建议，包括ESG风险机遇、ESG重大事项、ESG战略及政策制定等职责权限，确保与投资者和监管机构的期望和要求保持一致。

制定了新希望六和"希望之树"ESG战略，引领推动ESG融入业务决策和运营各环节，通过夯实基础、驱动发展、进而向外赋能，全面提升公司风险防控力和价值创造力，致力于成为可信赖的力量，与各利益相关方共建、共创、共享充满希望和美好的未来。

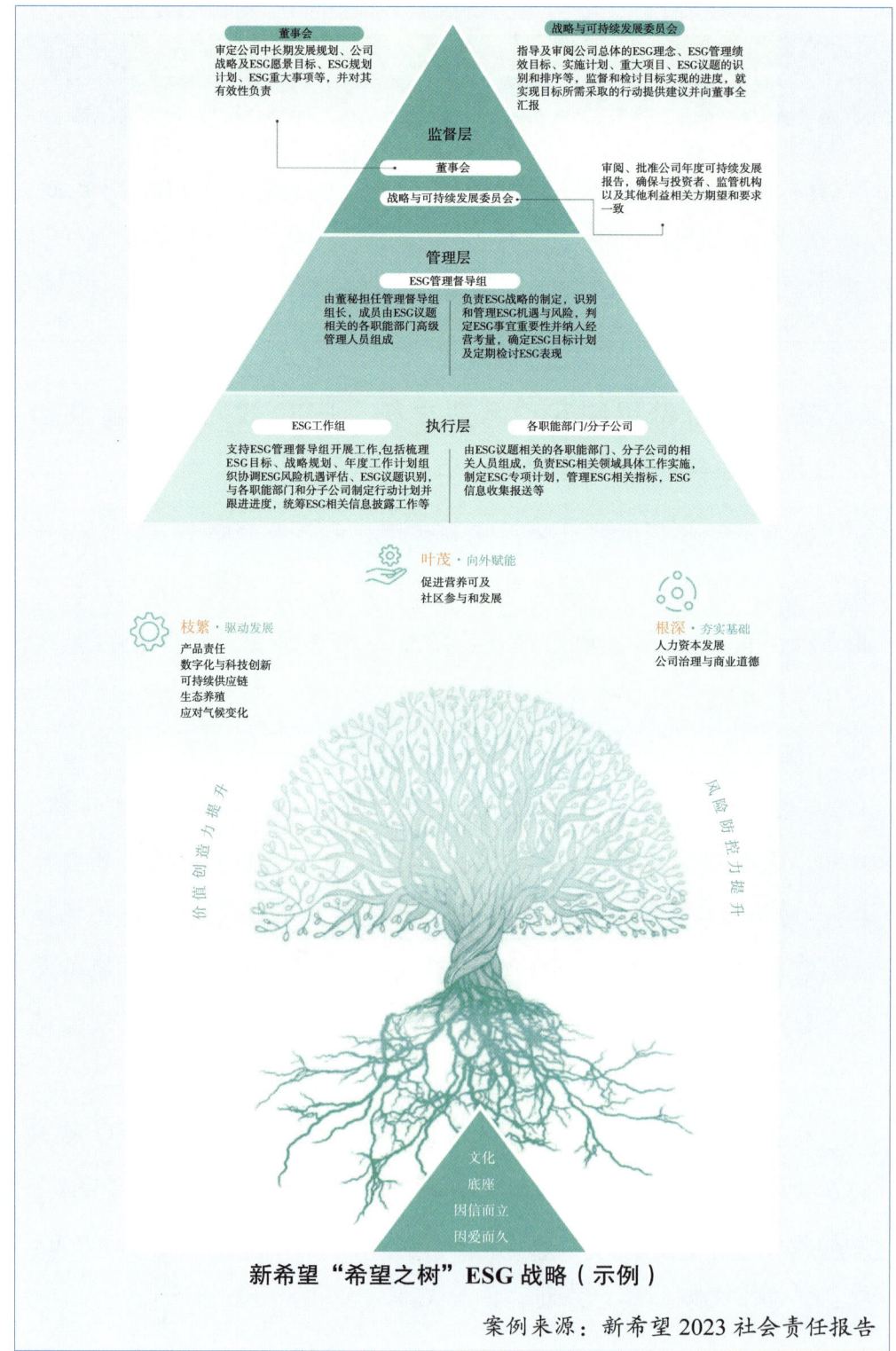

新希望"希望之树"ESG战略（示例）

案例来源：新希望2023社会责任报告

7.2 利益相关方沟通

利益相关方沟通主要关注监督和管理信息报告的机制。监督和管理信息报告的机制是确保有效的资源管理和可持续发展的基础。评价发现，农业企业在监督和管理信息报告的机制的得分均值为 0.5 分，最小值为 0 分，最大值为 1 分。进一步从细分行业分析农业企业环境治理与监督和管理信息报告的机制议题表现（表 7-5），生物安全业平均得分最高，为 0.75 分，"监督和管理信息报告的机制"披露率达 75%。各细分行业标准差都比较接近，且数值均大于等于 0.5，表明整体发展水平差异较大，需加强监督和管理信息报告机制。

表 7-5 细分行业监督和管理信息报告的机制评分描述性统计

细分行业	样本量/个	评分/分				
		最小值	最大值	平均值	标准差	中位数
农副产品加工业	26	0.00	1.00	0.50	0.51	0.50
畜牧业	10	0.00	1.00	0.40	0.52	0.00
农业服务业	5	0.00	1.00	0.60	0.55	1.00
林草业	4	0.00	1.00	0.25	0.50	0.00
渔业	4	0.00	1.00	0.50	0.58	0.50
生物安全业	4	0.00	1.00	**0.75**	0.50	1.00
种植业	3	0.00	1.00	0.67	0.58	1.00

案例：农产品以及时性、真实准确性、充分完整性的原则管理信息披露

农产品公司及时披露年报及社会责任报告。当年披露年度报告、季度报告及临时公告合计 129 份。每年与年报同步发布社会责任报告，及时披露公司在 ESG 方面的进展与绩效。社会责任报告的数据

披露保证真实准确，使用资料来自集团 2023 年正式文件和统计报告，内容不存在任何虚假记载、误导性陈述或重大遗漏。报告内容覆盖下属公司，确保披露范围充分完整。

案例来源：农产品 2023 年社会责任报告

7.3 反商业贿赂

反商业贿赂是评价农业类型企业公司治理发展表现的重要维度，该议题旨在评估农业企业反腐败等方面的表现。评价发现，农业企业在该议题的得分平均值为 0.84 分，最小值为 0.42 分，最大值为 1 分。进一步从细分行业分析农业企业反商业贿赂议题表现（表 7-6），林草业平均得分最高，为 0.81 分，表明林草业的大多数企业都有较好的商业道德。另外，种植业企业得分标准差最高（0.25），畜牧业的标准差最低（0.06），表明种植业企业在反商业贿赂上存在较大差异，在反贿赂和反腐败制度的制定、员工道德培训、防范不正当竞争措施及运行情况等方面的发展水平不一；相对而言，畜牧业企业在反商业贿赂方面表现较为一致。

表 7-6 细分行业反商业贿赂评分描述性统计

细分行业	样本量/个	评分/分				
		最小值	最大值	平均值	标准差	中位数
农副产品加工业	26	0.42	1.00	0.80	0.15	0.79
畜牧业	10	0.67	0.92	0.76	0.06	0.75
农业服务业	5	0.75	0.92	0.80	0.07	0.75
林草业	4	0.75	0.92	**0.81**	0.08	0.79
渔业	4	0.42	0.75	0.67	0.17	0.75
生物安全业	4	0.67	1.00	0.79	0.14	0.75
种植业	3	0.42	0.92	0.69	**0.25**	0.75

从指标披露情况来看，反商业贿赂议题可细分为 4 个三级通用指标，部分指标的披露率如表 7-7 所示。其中，反贿赂和反腐败制度、员工道德培训指标的披露率为 80% ~ 100%；其余指标的披露率为 20% ~ 50%。

表 7-7　反商业贿赂下设三级通用指标披露率统计（部分）

指标名称	披露率 /%
员工道德培训	91.67
反贿赂和反腐败制度	88.33
接受反贿赂反贪污培训的员工总数及占比	38.33

案例：东瑞股份贯彻落实反贪污反腐败行动

东瑞股份实行严格、公正的供应商和客户的引入、考核机制，制定了严格的采购规章制度，通过合理分工、监督追踪、强化内部风险点控制，从源头上杜绝商业受贿、渎职等现象，增加采购工作透明度，树立廉洁自律的风气，杜绝一切不良行为，切实保障公司、客户和供应商的合法权益，维护良好的交易环境。

案例来源：东瑞股份 2023 年社会责任报告

案例：保龄宝多举措开展反腐倡廉行动

保龄宝始终坚持诚信为本，互惠互利，忠实履行服务承诺，与供应商和客户建立战略合作伙伴关系。充分尊重并保护供应商和客户的合法权益，严格执行与供应商和客户签订的购销合同。

在供应商选择过程中，公司从供应商的资质、产品质量、供货能力等综合实力进行考量，从而选定合适的合作伙伴。

在合作过程中，公司按统一标准对供应商进行评价考核，设立完善的售后服务措施，配备服务部门和专业人员，为客户提供优质服务，确保客户满意。

> 对采购业务始终进行严格管理，制定了各项采购规章制度，选用具有多年采购工作经验人员负责公司各种物料的采购工作。
>
> 在采购工作中，通过合理分工、监督追踪、教育督导，从源头上杜绝贪渎现象，加强采购人员的工作责任感，增加采购工作透明度，树立廉洁自律的风气，杜绝一切贪腐现象。
>
> 案例来源：保龄宝 2023 年社会责任报告

7.4 反不正当竞争

反不正当竞争是评价农业类型企业公司治理发展表现的重要维度，该议题旨在评估农业企业在商业竞争等方面的表现。评价发现，农业企业在该议题的得分平均值为 0.84 分，最小值为 0.4 分，最大值为 1 分。

进一步从细分行业分析农业企业反不正当竞争议题表现（表 7-8），农业服务业平均得分最高，为 1 分，表明农业服务业的大多数企业都有良性的商业竞争行为。另外，种植业企业得分标准差最高（0.23），农业服务业的标准差最低（0.00），表明种植业企业在反不正当竞争上存在较大差异，在防范不正当竞争措施及运行情况等方面的发展水平不一；相对而言，农业服务业企业在反不正当竞争方面表现较为一致。

表 7-8 细分行业反不正当竞争评分描述性统计

细分行业	样本量/个	评分/分				
		最小值	最大值	平均值	标准差	中位数
农副产品加工业	26	0.40	1.00	0.86	0.20	1.00
畜牧业	10	0.80	1.00	0.92	0.10	1.00
农业服务业	5	1.00	1.00	1.00	0.00	1.00
林草业	4	0.60	1.00	0.90	0.20	1.00

(续表)

细分行业	样本量/个	评分/分				
		最小值	最大值	平均值	标准差	中位数
渔业	4	0.60	1.00	0.90	0.20	1.00
生物安全业	4	0.80	1.00	0.95	0.10	1.00
种植业	3	0.60	1.00	0.87	**0.23**	1.00

从指标披露情况来看，反不正当竞争议题可细分为3个三级通用指标，部分指标的披露率如下图所示（表7-9）。其中，针对反竞争行为、反托拉斯和反垄断实践的法律诉讼指标的披露率达到了100%，防范不正当竞争措施及运行情况指标的披露率为80%～100%；第三个指标的披露率为20%～50%。

表7-9　反不正当竞争下设三级通用指标披露率统计表（部分）

指标名称	披露率/%
针对反竞争行为、反托拉斯和反垄断实践的法律诉讼	100
防范不正当竞争措施及运行情况	81.67

案例：晓鸣股份遵守商业道德，维护商业文明

2023年晓鸣股份持续开展阳光采购合作伙伴随访活动，通过回访拉近与供应商等合作伙伴的距离，增强沟通，建立互信，核实公司采购及外包业务是否存在不规范的行为，加深合作伙伴对公司公正公平阳光形象的印象，提高服务层次，打造阳光采购平台，并与重要合作伙伴累计签署了348份《反商业贿赂协议》，以此规避各种商业贿赂行为，进一步维护商业文明的长久发展。公司还制定《举报、投诉管理办法》，通过公示邮箱、电话、信箱等举报渠道，明确举报奖励方案，鼓励内外部人员对违反廉洁诚信的行为、违反公司

> 管理制度的行为、重大经营问题等进行监督和举报。公司审计部统一接收所有渠道的廉洁诚信举报信息，并根据举报案件性质和严重程度进行分类、研判后，派出专人或专组开展调查，同时对可能存在的内部控制缺陷进行评估，对涉嫌违法犯罪的人员，公司将移交司法机关处理。
>
> 案例来源：晓鸣股份2023年社会责任报告

7.5 ESG—治理表现

通过对企业公开披露的信息进行评价，样本企业中有23家农业企业治理表现优秀[①]，占所有被评估企业的41.07%。其中，农副产品加工10家：京粮控股、国投中鲁、中粮糖业、金龙鱼、中粮科技、金新农、京基智农、大北农、新希望、双汇发展；林草业2家：永安林业、中木国际；农业服务业3家：农产品、大禹节水、农发种业；畜牧业3家：中国圣牧、神农集团、牧原股份；生物安全业2家：生物股份、瑞普生物；渔业2家：大湖股份、中水渔业；种植业（其他种植业）1家：海南橡胶。这些企业在公司治理结构、透明度和合规性方面表现优秀，展现了其在治理体系建设、风险管理和内部控制方面的持续投入和较强的管理能力。这些企业在加强董事会独立性、完善内部监督机制、提升信息披露的完整性和准确性以及积极回应利益相关方的需求等方面取得了显著进展，或（和）在公司治理信息披露的透明度和治理绩效上保持了领先地位。这些企业在各自的细分行业中设立了治理标杆，同时也展现了农业行业在推动高标准公司治理和可持续发展方面的巨大潜力。

---

① 参考可持续（ESG）发展评价阶段的划分。

研究发现与对策建议

8.1 研究发现

本报告揭示了当前 150 家农业上市企业的可持续发展表现。调查数据显示，在 150 家农业上市公司中仅有 56 家企业发布了 ESG 报告，报告披露率仅为 38%，其中可持续发展信息的整体披露率为 65%，即我国农业上市企业 ESG 信息披露水平仍处于起步阶段，尚有很大的提升空间。

在此基础上，本报告采用系统化、标准化的评价方法，从环境、社会和治理三个维度，对已发布 ESG 报告的 56 家农业上市企业的可持续发展情况进行全面评价。总体而言，我国农业上市企业 ESG 发展水平处于进取阶段，农业不同细分行业之间存在较大的内部差异，治理维度的表现差异化最为显著。同时也发现，通过政策引导、行业推动、企业实践、社会参与和国际合作等多方面的努力，我国农业企业在 ESG（环境、社会和治理）发展方面取得了显著进展。一大批农业上市企业主动适应 ESG 发展趋势，坚持绿色转型和可持续发展，致力于建立行之有效的农业企业 ESG 治理体系，探索中国农业企业 ESG 治理路径与模式，在农业企业 ESG 治理模式的战略引领、制度保障、指标完善、数字赋能等方面，做出了积极的探索实践，努力实现经济效益与环境社会效益统一，为我国农业上市企业践行绿色发展、履行社会责任、促进乡村全面振兴，做出了相应的贡献。在被评估的农业企业中，有 21 家企业的 ESG 综合表现达到了优秀发展阶段（包括 1 家处于卓越阶段的企业），占比 37.5%。

分领域来看，在环境方面，农业企业整体表现优秀，但部分企业发展仍存在不均衡性。农业企业在绿色技术研发、资源利用效率及污染防治方面取得了显著进展，但针对气候变化和生态保护的措施仍有所欠缺。在社会方面，虽然大多数企业在员工培训、职业健康和安全生产等方面具备基础设施和制度，但整体水平仍显示不足，员工满意度、工作条件改善及社区关系的维护亟须关注。企业应提升员工福利，加强与社区的互动与合作，积极参与公益慈善活动，以提升企业的社会形象。在治理方面，多数农业企业具备基本的监督管理结构，但在治理机制的有效运转及绩效考核方面仍需完善。优化治理结构、完善内部控制机制及提升信息透明度是亟待解决的问题。

分行业研究表明，种植业企业 ESG 总体发展水平处于进取阶段，内部分化程度大，各维度得分均呈现明显的"左偏"特征。林草业企业 ESG 总体发展水平处于进取阶段，平均得分仍有较大进步空间。畜牧业企业 ESG 总体发展水平处于进取阶段，同样伴随明显的内部差异，但社会得分分布相对集中。渔业企业 ESG 总体发展水平处于进取阶段，内部分化程度较大。农副产品加工业企业 ESG 总体发展水平处于进取阶段，分布跨越 3 个阶段，企业间表现差异显著。生物安全业企业 ESG 总体发展水平处于优秀阶段，且与其他行业相比，内部差异性略小，治理得分的分化程度较低。农业服务业企业 ESG 总体发展水平处于优秀阶段，1 家企业 ESG 表现处于卓越阶段，各维度表现均较为突出。

8.2 对策建议

基于前述分析和研究发现，针对我国农业上市企业 ESG 整体披露水平、整体表现水平以及不同行业特征的分析方面提出以下对策建议。

8.2.1 提升 ESG 信息披露能力：政策引导、企业行动与社会监督并重

2023 年农林牧渔行业 150 家上市公司中，仅有 56 家企业发布了 ESG 报告，报告披露率为 37%。已发布 ESG 报告企业的可持续发展信息披露率也仅有 65%。如"讨论减少包装在整个生命周期中对环境影响的策略"指标披露率为 11.54%；"售出产品中可回收或可重复使用的百分比"和"报废材料回收重量及回收百分比"等指标所有企业都没有进行披露。我国农业上市企业 ESG 信息披露水平仍处于起步阶段，具有很大的上升空间。应继续通过政策引导、企业行动与社会监督，进一步提升农业企业 ESG 报告发布率和可持续发展信息披露率，为投资者和利益相关方提供更全面的风险评估和决策依据，进而推动整个市场和社会向更加负责任和可持续的方向发展。

第一，政府应加强政策引导与规范。首先，政府应通过农业行业政策的制定和实施，引导农业企业加强 ESG 管理和信息披露。例如，政府可以完善农业企业 ESG 披露准则，确保信息披露的规范性和一致性，帮助企业明确在环境、社会和治理方面的责任。其次，为了提高企业的积极性，政府应针对农业龙头企业制定专项政策和激励机制，

如税收优惠和补贴等，鼓励这些企业在 ESG 信息披露方面发挥表率作用。通过这些政策措施，政府可以推动农业企业提升可持续（ESG）信息披露质量的整体规范提升，一方面有助于农业企业自身的可持续性管理能力与绩效提升，助力农业可持续发展；另一方面能够为社会提供更高质量的可持续（ESG）数据基础，助力数据应用与农业可持续投资发展。

第二，农业企业应高度重视 ESG 报告的发布，将其纳入公司战略规划，并明确责任部门和负责人来推动此项工作。 首先，农业企业应建立完善的 ESG 治理架构，设立专门的 ESG 管理部门或团队，负责制定和执行企业的 ESG 策略和目标。其次，农业企业应根据国际和国内 ESG 信息披露标准，制定详细的 ESG 信息披露计划，涵盖环境、社会、治理各维度的关键议题，确保披露的全面性和透明度。最后，农业企业应加强可持续治理机构成员的能力建设、信息报告机制和绩效考核机制，以形成运转有效的可持续发展治理机制。将 ESG 指标纳入企业的绩效考核体系，激励管理层和员工关注并提高 ESG 披露水平。通过这些措施，农业企业可以建立一套运转有效的可持续发展治理机制，提高 ESG 信息披露水平，从而增强企业在市场中的竞争力和可持续发展能力。

第三，要加强社会监督，构建有效的农业企业 ESG 社会监察体系。 可以通过媒体、社会组织和公众参与，推动企业增加 ESG 信息披露，促进企业发布 ESG 报告。同时，加强社会组织与行业组织的推动作用，社会组织应通过发布研究报告、组织研讨会等方式，推动农业企业在 ESG 领域的交流与合作，促进更多企业发布 ESG 报告；社会组织还可以开展舆论宣传活动，通过社交媒体和公众平台增强公众对农业企业 ESG 表现的关注，引导消费者选择符合 ESG 标准的产品，进一步推动企业披露 ESG 信息。行业组织应积极推动行业内企业发布 ESG 报告，提供相关培训和指导，提升整体行业 ESG 信息披露水平。行业组织还可以建立奖励机制，表彰在 ESG 披露方面表现突出的企业，激励更多企业提升 ESG 信息披露的质量和透明度。此外，还可以引入第三方进行报告内容的评估，定期发布第三方评估结果，向社会公开农业企业的 ESG 表现，增强企业披露 ESG 信息的动力。

8.2.2 提升企业 ESG 管理能力：环境、社会与治理层面协调发展

当前农业企业的 ESG 发展表现总体处于进取阶段，ESG 得分的平均值为 0.51 分，说明农业企业在 ESG 管理方面已具备一定基础，但仍有较大提升空间。得分的中位数与平均值接近，分布呈现正态分布特征，表明多数企业的 ESG 表现集中在中等水平。从行业内分布情况来看，农业企业在不同细分行业中的 ESG 表现也存在显著差异。例如，农业服务业企业总体表现最佳，平均得分为 0.62 分，而畜牧业企业和种植业企业则表现较为均衡，但仍处于进取阶段。因此，企业应采取措施，保障各行业在环境、社会和治理不同层面的均衡发展。

环境表现方面，农业企业在环境管理方面表现相对较好，但整体水平不均衡。一些企业在绿色技术研发、资源利用和污染防治方面取得了显著进展，但仍有许多企业在应对气候变化和生态保护上存在不足，特别是在资源使用效率和环境保护措施方面。因此，第一，企业应采取资源管理优化措施，推动企业采用更高效的资源使用和管理技术，加强供应链的绿色管理，确保上下游企业一并符合环保标准。减少资源浪费和环境污染。第二，应鼓励环保技术创新。农业企业一方面应加大在绿色技术和可再生资源利用方面的研发投入，提升整体环

境绩效，从而提升环境保护水平。另一方面通过引进先进的污染防治技术和管理方法，减少农业生产对环境的负面影响。第三，企业应制定并实施应对气候变化的长期战略，减少碳排放，推动低碳农业发展。

社会表现方面，农业企业在社会责任方面的表现较为集中，但整体水平偏低。农业企业在员工培训、职业健康、安全生产等方面有较好的基础设施和制度，在已披露相关情况的企业中多数企业能够提供基本的员工教育与培训。然而，员工流失率和安全生产投入等方面的披露率较低，表明企业在员工满意度和工作条件改善方面仍有提升空间，需要在员工福利、社区关系等方面加大投入。第一，农业企业可以提升员工福利，改善员工工作环境和福利待遇，增加安全生产投入，提升员工的职业满意度。持续完善员工教育与培训体系，尤其是在职业健康、安全生产教育和技能培训方面，确保员工能够获得持续的发展机会。第二，加强社区关系建设，增强企业与所在社区的互动和合作，积极参与社区建设，如公益慈善、应急救援以及志愿服务等，以提升企业社会形象。第三，企业可以开展更多的社会责任项目，如支持教育、健康和环保等公益事业，为行业发展和社会进步贡献力量。企业还可以积极参与乡村振兴，推动社区发展，加强与利益相关方的沟通与合作，实现社会效益的最大化。

治理表现方面，多数农业企业具备基本的监督管理机构，但在治理机制的有效运转和绩效考核机制方面仍需进一步完善。第一，要优化治理结构，进一步加强企业治理结构，确保治理方式的多样性和专业性，提升治理水平和透明度。第二，要完善内部控制机制，建立健全的内部控制和风险管理体系，确保企业在合法合规的基础上运营。第三，应提升信息透明度和公信力，通过信息披露和透明的决策过程，提升企业在利益相关方中的公信力，增强社会信任。

8.2.3 提升 ESG 管理效能：深化行业均衡发展

报告结果显示，在加入行业特征指标后，农业企业在环境、社会和治理方面的表现呈现出了不同的变化。农业环境议题和社会议题整体表现有所下降。其中在环境议题下，资源利用和循环经济、生物多样性和生态系统方面表现降幅较大；社会议题下供应链管理、员工、消费者和最终用户方面的得分小幅度下降。治理议题整体表现没有发生变化。因此，在制定 ESG 评价标准时，应充分考虑各行业的共同特点，特别是在农业等具有明显行业共性的领域，深化行业均衡发展。建议政府和相关机构与行业专家合作，开发针对不同行业的 ESG 评价指标体系，以更精准地评估企业的 ESG 表现，提升 ESG 管理的系统性与战略性。

第一，强化行业内 ESG 均衡发展。鼓励各细分行业龙头企业发挥引领作用，通过分享最佳实践、技术和经验，帮助行业内其他企业提升 ESG 管理水平。对于种植业，管理策略应注重生态农业的推广，如使用有机肥料和生物农药，同时采用作物轮作和多样化种植来保持土壤健康。畜牧业需实行严格的动物福利标准，减少抗生素的使用，并通过改善饲养环境来降低温室气体排放。渔业应推广可持续渔业实践，如设立海洋保护区和限制过度捕捞，以保护水生生态系统。林草业可以通过实施可持续的林业管理和增加森林覆盖率来增强碳汇能力。生物安全方面，重点是通过严格的监控和快速响应系统防控生物入侵和疫病传播。农副产品加工业应关注减少食品浪费和提高能源效率，如使用可再生能源和回收废水。最后，农业服务业应提供技术支持和培训，帮助农户实施 ESG 最佳实践，如精准农业技术的应用。

第二，促进 ESG 绩效与企业战略的整合。企业应将 ESG 目标和绩效纳入企业战略规划和决策过程中，确保 ESG 实践与企业的长期发展目标相一致。通过将 ESG 绩效与高管和员工的绩效考核挂钩，激励全员参与 ESG 实践。种植业企业的评价体系可以重点考量土壤健康和生物多样性指标；林草业企业评价可集中于森林恢复和可持续管理的效果；畜牧业企业的评价则应更多关注动物福利和抗生素使用情况；渔业企业的评价体系需强调渔获量的可持续性和对海洋生态的影响；农副产品加工业的体系应关注资源循环利用和废弃物管理；生物安全企业的评价体系应聚焦于防疫效果和生物多样性保护；农业服务业企业则应评价服务提供的技术适用性和推广效果。

第三，关注行业薄弱环节，采取有效措施进行改进。种植业需要加强对气候变化的适应能力，如开发抗逆品种。畜牧业应解决温室气体排放和粪便处理问题。渔业的薄弱环节是过度捕捞和生态破坏，需要通过政策和技术手段进行干预。林草业需注意防止过度采伐和森林退化。生物安全的关键是提升监测和快速响应能力，防止疾病传播。农副产品加工业应关注减少能耗和提高生产效率。农业服务业则需强化对农户的支持和培训，尤其是在技术转移和应用方面。

附件 1　农业上市公司行业分类表[①]

种植业		
丰乐种业	雪榕生物	北大荒
隆平高科	华绿生物	洪九果品
登海种业	万辰集团	秋乐种业
众兴菌业	亚盛集团	康农种业
荃银高科	敦煌种业	农发种业
神农科技	新农开发	万向德农
苏垦农发	新赛股份	海南橡胶（其他种植业）
林草业		
ST 景谷	骏东控股	福建金森
宝沙发展	平潭发展	中木国际
大森控股	永安林业	
畜牧业		
天邦食品	新五丰	益生股份
*ST 正邦	巨星农牧	牧原股份
民和股份	骑士乳业	中国圣牧
华英农业	贤丰控股	温氏股份
湘佳股份	罗牛山	立华股份
西部牧业	东瑞股份	晓鸣股份
福成股份	圣农发展	神农集团
农副产品加工业		
广弘控股	傲农生物	京粮控股
西王食品	禾丰股份	新希望
正虹科技	路斯股份	双汇发展
广农糖业	驱动力	中粮科技
中基健康	大禹生物	永顺泰
粤海饲料	播恩集团	保龄宝
天康生物	得利斯	海大集团

[①] 食品、饮料、酒类等上市公司暂未纳入。

（续表）

农副产品加工业		
双塔食品	金字火腿	大北农
唐人神	煌上煌	金新农
克明食品	龙大美食	洽洽食品
百洋股份	华统股份	好想你
道道全	东方集团	海欣食品
祖名股份	紫燕食品	仙坛股份
国联水产	绝味食品	中宠股份
晨光生物	盖世食品	甘源食品
朗源股份	欧福蛋业	劲仔食品
*ST 佳沃	乖宝宠物	金龙鱼
佩蒂股份	索宝蛋白	光明肉业
益客食品	田野股份	冠农股份
金健米业	蔚蓝生物	中粮糖业
华资实业	一致魔芋	国投中鲁
邦基科技	华康股份	天马科技
嘉华股份	京基智农	味知香
宏辉果蔬	农产品	安德利
春雪食品		
生物安全业		
金河生物	颖泰生物	科前生物
回盛生物	绿亨科技	永顺生物
普莱柯	绿康生化	中牧股份
海利生物	瑞普生物	生物股份
申联生物	红太阳	
农业服务业		
深粮控股	花溪科技	辉隆股份
*ST 天山	鹏都农牧	大禹节水
润农节水		
渔业		
獐子岛	中水渔业	大湖股份
*ST 东洋	开创国际	好当家

附件 2　发布可持续发展报告（ESG 报告）企业清单

公司名称	报告类型	报告名称
京基智农	ESG 报告	2023 年度环境、社会及公司治理（ESG）报告
农产品	社会责任报告	2023 年社会责任报告
京粮控股	ESG 报告	2023 年度环境、社会和公司治理（ESG）报告
平潭发展	社会责任报告	2023 年社会责任报告
永安林业	社会责任报告	2023 年社会责任报告
罗牛山	社会责任报告	2023 年社会责任报告
中水渔业	ESG 报告	中水集团远洋股份有限公司 2023 年度 ESG 报告
新希望	社会责任报告	2023 年社会责任报告
双汇发展	社会责任报告	2023 年社会责任报告
中粮科技	ESG 报告	中粮科技 2023ESG 报告
东瑞股份	社会责任报告	2023 年社会责任报告
永顺泰	ESG 报告	2023 年度粤海永顺泰集团股份有限公司环境、社会和公司治理（ESG）报告
保龄宝	社会责任报告	2023 年社会责任报告
圣农发展	社会责任报告	2023 年社会责任报告
海大集团	社会责任报告	2023 年社会责任报告
大北农	社会责任报告	2023 年社会责任报告
益生股份	社会责任报告	2023 年社会责任报告
鹏都农牧	社会责任报告	2023 年社会责任报告
金新农	社会责任报告	2023 年社会责任报告
辉隆股份	ESG 报告	辉隆股份 2023 环境、社会及治理（ESG）报告
洽洽食品	社会责任报告	2023 年社会责任报告
好想你	ESG 报告	2023 年度环境、社会与公司治理（ESG）报告
福建金森	社会责任报告	2023 年社会责任报告
海欣食品	社会责任报告	2023 年社会责任报告

（续表）

公司名称	报告类型	报告名称
牧原股份	ESG报告	2023年度环境、社会及公司治理（ESG）报告
仙坛股份	社会责任报告	2023年度社会责任报告
绿康生化	社会责任报告	2023年社会责任报告
中宠股份	社会责任报告	2023年社会责任报告
甘源食品	社会责任报告	2023年社会责任报告
劲仔食品	社会责任报告	2023年社会责任报告
中国圣牧	ESG报告	2023年中国圣牧ESG报告
中木国际	ESG报告	二零二三年环境、社会及管治报告
大禹节水	ESG报告	2023年度环境、社会及公司治理（ESG）报告
瑞普生物	ESG报告	2023年度环境、社会及公司治理（ESG）报告
温氏股份	社会责任报告	2023年度社会责任报告
立华股份	社会责任报告	2023年度社会责任报告
晓鸣股份	社会责任报告	2023年度社会责任报告
金龙鱼	可持续发展报告	2023年可持续发展报告
光明肉业	可持续发展报告	上海梅林2023年度ESG暨可持续发展报告
开创国际	社会责任报告	开创国际2023年度社会责任报告
中牧股份	ESG报告	中牧实业股份有限公司2023年度环境、社会及治理（ESG）报告
生物股份	可持续发展报告	金宇生物技术股份有限公司2023年度可持续发展报告
冠农股份	社会责任报告	新疆冠农股份有限公司2023年度社会责任报告
大湖股份	ESG报告	大湖水殖股份有限公司2023年度环境、社会及治理报告
农发种业	ESG报告	农发种业2023年度环境、社会和公司治理（ESG）报告
万向德农	社会责任报告	万向德农股份有限公司2023年度社会责任报告
好当家	社会责任报告	好当家2023年度社会责任报告
中粮糖业	ESG报告	中粮糖业控股股份有限公司2023年度环境、社会及治理（ESG）报告
国投中鲁	ESG报告	国投中鲁2023年度ESG报告

（续表）

公司名称	报告类型	报告名称
海南橡胶	ESG报告	海南橡胶2023年度环境、社会及公司治理（ESG）报告
苏垦农发	ESG报告	苏垦农发2023年度环境、社会和治理（ESG）报告
天马科技	社会责任报告	天马科技2023年度社会责任报告
味知香	社会责任报告	2023年度社会责任报告
安德利	ESG报告	安德利：2023年社会责任报告暨环境、社会及管治报告
神农集团	社会责任报告	云南神农农业产业集团股份有限公司2023年度社会责任报告
春雪食品	ESG报告	春雪食品2023年度环境、社会及公司治理报告